W0291223

Pantley

Essen statt meckern

## Die Autorin

Elizabeth Pantley ist eine bekannte und gefragte Expertin zum Thema Baby und Kind. Die Amerikanerin ist selbst Mutter von vier Kindern und am Esstisch daher so einiges gewohnt. Ihre pragmatischen und vor allem liebevollen Lösungsansätze haben ihr in den USA und Deutschland eine große Fangemeinde beschert.


## Dank der Autorin

Dieses Buch ist meiner außergewöhnlichen, überaus dynamischen und unterstützenden Literaturagentin Meredith Bernstein und unserem gemeinsamen Schaffen gewidmet: zehn Bücher, in 26 Sprachen, unzählige Werbeveranstaltungen und – vielleicht am schönsten – unsere gemeinsamen Abendessen, für die wir auch mal den Kontinent überqueren. Liebe Meredith – danke für alles. Du bist die beste Agentin, die man sich als Autorin wünschen kann.

Elizabeth Pantley

# Essen statt meckern

Gute Laune am Familientisch

Aus dem Amerikanischen übersetzt von Kirsten Sonntag

TRIAS

# Inhalt

Die Rezepte in diesem Buch stammen aus „Die besten Gerichte für Ihr Kleinkind“ von Anne Iburg, erschienen bei TRIAS.

# Ernährung zwischen Wunsch und Wirklichkeit

**Die Milch- und Beikostzeit ist vorbei. Eigentlich könnte Ihr Kind mit Ihnen gemeinsam am Tisch sitzen und in fröhlicher Runde ganz entspannt gesunde und leckere Familiengerichte verputzen. Doch warum ist Ihr Kind mäkelig? Umgehen Sie die Ernährungsfallen geschickt.**

# Liebe Eltern!

**Essen ist sicherlich eine der natürlichsten Sachen der Welt. Gemeinsam mit der Familie essen, genießen, ohne Stress und Frust – das wünschen sich alle Eltern. Nur leider sehen das manche Kinder ganz anders und stellen ihre Eltern durch ihr schwieriges Verhalten auf eine harte Probe!**

189 800 – dies ist die Anzahl der Mahlzeiten und Zwischenmahlzeiten, die unsere Kinder im Laufe ihres Lebens zu sich nehmen werden. Diese hohe Zahl ergibt sich ganz einfach, wenn man von einer Lebenserwartung von über hundert Jahren und durchschnittlich fünf Mahlzeiten am Tag ausgeht.

Diese Mahlzeiten – ganz zu schweigen von der Zubereitung, vom Küche aufräumen und Abspülen – werden im Laufe des Lebens viel Zeit in Anspruch nehmen. Dabei wäre es schön, aus dem Essen immer ein angenehmes, genussvolles Erlebnis zu machen. Angst, Frust, Stress oder Besorgnis gehören hier nicht dazu. Im Idealfall bietet der Genuss von Mahlzeiten Energie, Gesundheit und emotionale Zufriedenheit. Essen soll von Beginn an ein positives, wohltuendes, bereicherndes Erlebnis sein. Denn kaum etwas anderes wird sich im Leben Ihres Kindes so oft wiederholen wie eben das Essen. Aber der Start ist nicht immer einfach.

Seien Sie beruhigt: Die meisten Kinder legen ihr schwieriges Essverhalten nach einiger Zeit ab. Auch wenn Sie momentan mit Ihrem Kind Kämpfe rund ums Essen ausfechten – die zugegebenermaßen real, wichtig und frustrierend sind –, so handelt es sich doch in den allermeisten Fällen um eine vorübergehende Phase. Dieser Ausblick hilft Ihnen vielleicht, das Thema in einem anderen Licht zu sehen und den Druck zu mindern, der angesichts der nicht ganz einfachen Esssituation in Ihrer Familie herrscht.

## Auch andere Eltern haben wählerische Kinder!

Natürlich ist die aktuelle Ernährung Ihres Kindes wichtig, denn Kinder wachsen in ihren frühen Jahren sehr schnell und benötigen für ihre gesunde Entwicklung eine ausgewogene Ernährung. Außerdem werden schon in der Kindheit die Muster für das spätere Essverhalten festgelegt. Laut Aristoteles „machen die Gewohnheiten, die wir von Kindheit an ausbilden, keinen kleinen Unterschied, sondern den Unterschied schlechthin“. Die Emotionen, die Ihre Familienmahlzeiten bestimmen, die mit bestimmten Gerichten verbundenen Erinnerungen, die Gewohnheiten bei der Auswahl der Nahrungsmittel, die Essenszeiten sowie die Art und Weise, wie die Familienmahlzeiten ablaufen, können ein bleibendes Bild in das Gedächtnis von Kindern brennen.

Nie wieder haben Sie die Möglichkeit, die Zukunft Ihres Kinder so sehr zu beeinflussen wie jetzt. Betrachten Sie schwieriges kindliches Essverhalten als ein Merkmal der Kindheit –

und bedenken Sie, dass Ihre Reaktion auf dieses Verhalten richtungsweisend für die Zukunft Ihres Kindes sein kann.

Viele uns von liebten in ihrer Kindheit Junkfood, Zucker und Limonade – und doch sind wir bewusste, verantwortungsvolle Esser geworden. Oft freilich unter großen Mühen und Anstrengungen und mit viel Selbstdisziplin. Wie viel einfacher ist es, wenn schon in der Kindheit der Grundstein für gesundes Essverhalten gelegt wird!

Jeder Tag sollte mit einem Frühstück beginnen – ein angenehmer Start in den Tag. Zwischenmahlzeiten sollten belebende und friedliche Einschübe zwischen den Hauptmahlzeiten darstellen. Das Mittagessen ist die Halbzeitpause des Tages und gibt Gelegenheit zu einem genussvollen Auftanken. Und das Abendessen im Familienkreis ist ein entspanntes, erfreuliches und den Zusammenhalt förderndes Event. Mit anderen Worten: Alle Rituale rund ums Essen sollten wohltuend und positiv belegt sein.

Wenn Ihr Kind ein schwieriger Esser ist, können sich jedoch vermeintlich glückliche Momente in größere Schlachten verwandeln.

Ich habe meine Testeltern zu den Familienmahlzeiten befragt. Das in diesem Zusammenhang von über der Hälfte der Befragten am meisten gebrauchte Wort war „frustrierend". Sollten Sie sich mit Ihren Gefühlen angesichts des schwierigen Essverhaltens Ihres Kindes allein fühlen, dann sehen Sie sich die Liste der Begriffe an, mit denen andere Eltern ihren Gefühlszustand angesichts ähnlicher Situationen beschreiben:

- überfordert
- verzweifelt
- erschöpft
- unterlegen
- machtlos
- gequält
- gelähmt
- hoffnungslos

Diese Aufzählung zeigt, wie schwierig der Umgang mit heiklen Essern für Eltern sein kann – und, dass diese Gefühle ganz normal sind. Sicher ist es für Sie hilfreich, zu wissen, dass Ihre Emotionen denen anderer Eltern in ähnlichen Situationen gleichen.

## Das Ziel im Blick

Als Eltern eines Kleinkindes fühlt man sich voll und ganz verantwortlich für dessen Leben und Wohlergehen. Und da ist beängstigend, wenn das Kind die notwendigste Aktion überhaupt, nämlich die Nahrungsaufnahme, verweigert. Die elterlichen Schutzinstinkte führen nicht selten zu Überreaktionen wie: „Ich kann doch mein Kind nicht verhungern lassen!" Glauben Sie mir: Ihr Kind wird nicht verhungern. Es wird aller Wahrscheinlichkeit nach noch nicht einmal Not leiden. Es wird sehr gut mit Salzstangen, Käse und Chicken Nuggets überleben, bis seine schwierige Essphase vorüber ist. Das ist natürlich nicht die gesündeste Art der Ernährung, aber Ihr Kind wird trotzdem noch mehr Energie besitzen als die meisten Erwachsenen.

Versuchen Sie, sich Folgendes klar zu machen: Das Wichtige ist nicht, dass Ihr Kind Unmengen zu sich nimmt, sondern dass das, was es isst, ihm die Vitamine, Mineralstoffe und Energie liefert, die es für ein gesundes Wachstum benötigt. Und dazu ist eine deutlich geringere Nahrungsmenge ausreichend, als Sie vielleicht glauben. Entscheidend ist vielmehr, dass Ihr Kind die richtigen Nahrungsmittel zu sich nimmt. Und das ist Ihr Ziel: Die aktuellen Ernährungspräferenzen Ihres Kindes in gesundes Essverhalten umzumünzen, das ihm alles Notwendige für eine gesunde Entwicklung liefert – und dies ohne Ärger und Stress.

wichtig

**Auch wenn Ihr Kind ein schwieriger Esser ist – verlieren Sie Ihr Ziel nicht aus den Augen. Und das Ziel heißt nicht, Ihr Kind dazu zu bringen, mehr zu essen, sondern gesund zu essen.**

## Was bietet dieses Buch?

Das 1. Kapitel „Ernährung zwischen Wunsch und Wirklichkeit" liefert eine kurze, aber informative Zusammenfassung wichtiger Fakten: Was ist normales Essverhalten und was versteht man unter „schwierigem" Essverhalten? Und warum ist es so schwer, Kinder von schwierigem Essverhalten abzubringen? Im 2. Kapitel „Handwerkszeug für gute Esser" erfahren Sie, wie Sie bei schwierigem Essverhalten innerhalb der Familie gegensteuern können. Hier finden Sie auch übersichtliche Tabellen mit geeigneten Mengenangaben für die Haupt- und Zwischenmahlzeiten Ihres Kindes. Kapitel 3 „Tipps, Tricks und Taktiken" umfasst eine Menge Tipps, Tricks und Strategien für den Umgang mit unterschiedlichsten Problemen rund ums Essen sowie Anleitungen für ruhiges, zielgerichtetes Handeln. In den Kapiteln 1 bis 3 bekommen Sie eine große Auswahl an Tipps, Vorschlägen und Lösungsansätzen, mit denen Sie das Essverhalten Ihres kleinen mäkeligen Essers positiv beeinflussen können. Und natürlich fällt die praktische Umsetzung all dieser Ratschläge viel leichter, wenn Sie köstliche Rezepte an der Hand haben. Im 4. Kapitel „Meine Lieblingsrezepte" finden Sie daher viele kreative Anregungen, gesunde Lebensmittel so zuzubereiten und zu servieren, dass sie bald schon zur alltäglichen Ernährung Ihres Kindes gehören werden. Picken Sie sich etwas Leckeres raus und versuchen Sie es!

## Der sanfte Ansatz

In diesem Buch geht es – wie in allen meinen Büchern – um das Erarbeiten respektvoller, wirksamer Lösungen für familiäre Probleme. Dabei sollen Tränen und Frust vermieden werden. Vielmehr geht es um positive Veränderungen, die kreativ und nutzbringend umgesetzt werden. Bei diesem Ansatz ist es wichtig, Probleme ganzheitlich zu begreifen und das Kind sowie die Familie von allen Seiten zu betrachten. Es geht vor allem darum, nur jene Probleme zu lösen, die Sie als solche verstehen. Jede Familie sieht das Thema Ernährung und Mahlzeiten auf ihre Weise. Was Sie unter gesunder Ernährung und gutem Essverhalten verstehen, sieht eine andere Familie möglicherweise anders. Wenn ich in einem Abschnitt erkläre, wie Sie Ihr Kind dazu bringen, bis zum Ende der Mahlzeit am Tisch sitzen zu bleiben, heißt das nicht, dass Sie Ihr Kind zwingen müssen, genau das zu tun. Wenn es für Sie in Ordnung ist, dass Ihr Kind an seinem eigenen Kinder-Picknick-Tischchen isst und nach dem letzten Bissen zu seinen Spielsachen losflitzt, ist das kein Problem. Doch wenn Sie Wert darauf legen, dass Ihr Kind gut gelaunt mit Ihnen am Tisch sitzen bleibt, dann finden Sie in diesem Buch Ideen, wie Sie eine solche Veränderung mit ruhigem, kontrolliertem Verhalten herbeiführen können und Ihr Kind freiwillig mitmacht.

Ihre erste Aufgabe besteht also darin herauszufinden, was Sie verändern möchten. Überdenken Sie auch, warum Sie wollen, dass bestimmte Probleme gelöst werden. Geht es dabei wirklich um Punkte, die für das gesunde Wachstum Ihres Kindes eine Rolle spielen? Oder sind es Punkte, die Ihnen persönlich wichtig sind? Sind diese Aspekte wirklich den Kampf wert? Jedes Kind muss im Rahmen einer gesunden Ernährung Gemüse essen. An dieser Stelle lohnt es sich Ihr Engagement. Doch viele andere Fragestellungen rund um die Ernährung sind zweitrangig und können vernachlässigt werden – weil sie entweder nicht essenziell für das Gedeihen sind oder weil sie sich ohnehin von selbst erledigen, wenn das Kind älter wird.

Wenn Sie mit einem Essensproblem konfrontiert sind, stellen Sie Ihre Emotionen erst einmal zurück und beantworten Sie folgende Fragen:

- Möchte ich eine Veränderung herbeiführen, weil Außenstehende dazu raten, weil ich strenge Regeln aufstellen will, weil ich einen Machtkampf mit meinem Kind ausfechten will oder weil ich mich an meine eigene Kindheit erinnere?
- Geht es wirklich um das aktuelle Problem oder lasse ich mich von der Angst vor möglichen zukünftigen Problemen leiten, die momentan noch gar nicht existieren?
- Beeinträchtigt das aktuelle Problem wirklich die Gesundheit meines Kindes – oder den Familienfrieden – und muss es deshalb umgehend angegangen werden?

Sheshanna, Mutter des zweijährigen Dazai

### » Kinder ermutigen

Meiner Erfahrung nach machen Eltern einen viel zu großen Wirbel ums Thema Essen – wo es doch ein genussvolles, angenehmes Erlebnis sein sollte. Kinder sollten zu einer offenen Einstellung ermutigt werden – doch dazu müsste sich erst einmal das Verhalten vieler Eltern verändern.«

Für kein Erziehungsproblem gibt es eine Standardlösung – auch nicht für Essprobleme. Deshalb biete ich für jede Situation eine Palette von Ideen an. Wählen Sie eine, zwei oder drei aus oder kombinieren Sie unterschiedliche

# Menü

## Ohne Frust und Tränen zu friedlichen Lösungen

Gehen Sie nur jene Probleme an,
die für Sie wirklich Probleme darstellen.

Schaffen Sie keine Probleme, nur weil Mitmenschen meinen, Sie müssten welche haben – ganz gleich, ob diese Mitmenschen Verwandte, Freunde oder (sogenannte) Experten sind.

Betrachten Sie Ihre Probleme nüchtern und unverstellt.

Lassen Sie sich Zeit, die beste Lösung zu entwerfen.

Lösen Sie Ihre Probleme, indem Sie zunächst alle möglichen Ansätze analysieren und wählen den Weg aus, der für Sie und Ihre Familie der beste ist.

Lesen Sie, hören Sie zu und lernen Sie kontinuierlich dazu, aber filtern Sie all dies durch das Sieb Ihrer persönlichen Überzeugungen und Erziehungsgrundsätze.

Haben Sie sowohl Ihre kurzfristigen wie auch Ihre langfristigen Erziehungsziele vor Augen.

Und vergessen Sie nie, jeden Tag
und jeden Augenblick
mit Ihrem Kind zu genießen.

Ideen, um für Ihr Kind einen maßgeschneiderten Lösungsplan zu entwerfen. Diesen Plan verändern Sie und passen ihn nach den jeweiligen Gegebenheiten und Fortschritten an. So kommen Sie zu der richtigen Lösung – und so funktioniert Erziehung am besten.

Mit diesem Konzept vor Augen möchte ich Ihnen das entscheidende Prinzip vorstellen, das sich durch das gesamte restliche Buch ziehen wird – und somit auch durch Ihr gesamtes restliches Leben. Dieses Prinzip lässt sich auf fast jede Erziehungsfrage anwenden, mit der Sie Ihre Kinder, Ihre Enkel und vielleicht sogar Ihre Urenkel konfrontieren werden.

Bei der Erziehung unserer Kinder gibt es weder absolute Regeln noch Garantien für das Funktionieren irgendwelcher Strategien. Erziehen Sie Ihre Kinder auf die Art und Weise, die Sie als richtig empfinden und die Wachstum und Entwicklung Ihres Kindes sichern. Innerhalb Ihrer Erziehungsmaxime können Sie den Ansatz von Kind zu Kind individuell verändern – je nach persönlichen Bedürfnissen, individuellem Charakter, gesundheitlichen Gegebenheiten und Temperament. Es gibt nur selten eine einzige richtige Antwort, und oft muss man verschiedene Wege ausprobieren, um ans Ziel zu kommen.

# Hilfe, mein Kind ist so mäkelig!

**Viele Eltern erleben problematische Phasen mit ihren Kleinkindern. Manche Kinder schlafen schlecht ein oder wachen häufig auf, manche werden nur mühsam sauber, andere sind sehr trotzig und nicht wenige sind besonders wählerisch beim Essen.**

All diese Themen sind Teil einer normalen Kindheit – und alle können für Eltern enormen Stress bedeuten. Schwieriges Essverhalten ist vielleicht eines der sensibelsten Themen, weil die Nahrungsaufnahme Grundlage für gesundes Wachstum ist – und schließlich muss man sein Kind dazu bringen, täglich drei Haupt- sowie diverse Zwischenmahlzeiten zu sich zu nehmen – und das Tag für Tag. Es liegt auf der Hand, dass dies zu Frustrationen führt.

Bei der Befragung meiner Testeltern haben sich viele immer wiederkehrende Probleme herauskristallisiert. Ganz gleich, wo auf dieser Welt die Familien wohnen, ganz gleich, wie viele Kinder in einer Familie leben, ganz gleich, welchen Erziehungsstil die Eltern verfolgen: Die Probleme und die damit verbundenen Gefühle ähneln sich verblüffend.

Eltern berichten:
- „Mein Kind isst nur einige wenige Nahrungsmittel, und das sind nicht gerade die gesündesten."
- „Mein Kind lehnt Gemüse prinzipiell ab – es sei denn, in frittierter Form oder wenn es vor Käsesoße nur so trieft."
- „Alles Neue wird argwöhnisch beäugt und abgelehnt. Was mein Kind nicht kennt, isst es auch nicht."
- „Ich komme mir vor wie ein Koch im Restaurant. Für jedes Kind koche ich das, was es mag – und selbst das ist noch keine Garantie dafür, dass das Gericht schließlich auch gegessen wird."
- „Wenn ich meinem Kind eine Auswahl gesunder Dinge anbiete, werfe ich letztlich das Meiste davon in den Müll. Oder ich esse am Ende meine Portion und auch die meines Kindes."
- „Andere sagen mir, dass mein Kind mich über das Essen erpressen wolle und dass ich ‚hart' bleiben müsse. Die haben ja keine Ahnung, wie schwer das ist!"
- „Mir wird immer wieder erklärt, dass mein Kind nur dickköpfig und trotzig ist und dass ich ein solches Verhalten nicht durchgehen lassen solle. Aber ich kann ihm das Essen doch nicht hineinzwingen."
- „Ich höre oft, ich sei selbst verantwortlich für das schwierige Essverhalten meines Kindes, mein Handeln habe mein Kind dazu gebracht. Ich weiß, dass ich in Sachen Kochen nicht perfekt bin, aber ich gebe ihm doch nicht jeden Tag Kekse zu essen!"

## „Schwierig" ist fast normal

Schwieriges Essverhalten ist bei kleinen Kindern ein universelles Problem. Und es ist weit verbreitet, entweder schwache, nachgiebige Eltern oder dickköpfige, erpresserische Kinder für das schwierige Essverhalten verantwortlich zu machen. Doch nach monatelanger Recherche und mehreren hundert Interviews mit Eltern kann ich ganz sicher sagen, dass dies nicht zutrifft.

In meinen Befragungen gaben 85 Prozent aller Eltern an, ihr Kind sei ein schwieriger Esser. Fast die Hälfte der Eltern gab an, ihr Kind esse nicht genug Gemüse. Und die meisten Eltern haben das Gefühl, ihr Kind ernähre sich nicht ausgewogen. Sie sehen also, dass eine deutliche Mehrheit aller Eltern mindestens einen „schwierigen Esser" im Haus hat. Und wenn ich diese Statistik betrachte, bin ich sicher, dass nicht alle diese Eltern schwach und nachgiebig sind und dass nicht alle diese Kinder dickköpfig und erpresserisch sind – schon gar nicht Tag für Tag und bei jeder Mahlzeit. Es muss also etwas Anderes dahinter stecken.

Immer wenn ich bei Kindern solch große Übereinstimmungen feststelle, wird mir klar, dass es sich um normales kindliches Verhalten handeln muss. Und dann suche ich nach den Gründen für dieses Verhalten. Und immer versetzt mich das, was ich herausfinde, in Erstaunen – so war es auch diesmal. Ich fand viele faszinierende und überzeugende Gründe dafür, dass schwieriges Essverhalten weder etwas mit dem Erziehungsstil der Eltern noch mit der Dickköpfigkeit der Kinder zu tun hat!

Auch wenn man ein Verhalten als „normal" bezeichnet, heißt das nicht, dass man es nicht verändern kann. Wenn man die Ursachen schwierigen Essverhaltens kennt, wenn man viele Tipps, Ansätze und Lösungen kennt, kann man schwierigen Essern helfen, sich gesund zu ernähren und ihre Ernährungsoptionen im Lauf der Zeit zu erweitern.

### Ernsthafte Sorgen?

Nur für ganz wenige Kleinkinder wird das schwierige Essverhalten zur Gefahr. Problematisch wird es dann, wenn die Nährstoffe nicht ausreichen, um ein gesundes Wachstum zu gewährleisten. Diese wenigen Kinder haben ernste gesundheitliche Probleme, die in Form von verlangsamtem Wachstum und mangelnder Energie sichtbar werden. Falls Sie sich ernste Sorgen über das Essverhalten Ihres Kindes machen, sollten Sie sich an einen Kinderarzt oder einen anderen geeigneten Gesundheitsexperten wenden.

## Warum sind Kinder oft so wählerische Esser?

Kinder sind einzigartige Persönlichkeiten und jedes schwierige Essverhalten kann viele verschiedene Gründe haben. Das Essverhalten Ihres Kindes lässt sich, ganz unabhängig von den individuellen familiären Gegebenheiten, einer oder mehreren der folgenden Erklärungen zuordnen. Es kann hilfreich sein, sich diese unterschiedlichen möglichen Ursachen vor Augen zu halten. Auf diese Weise werden Ihnen die Hintergründe und Mechanismen schwierigen Essverhaltens bewusst. Und dies wiederum kann dazu beitragen, die eigenen

# Was genau ist ein „schwieriger Esser“?

**Es gibt keine wissenschaftliche Definition, was man unter einem „schwierigen Esser“ versteht. Der Begriff drückt aber aus, dass ein bestimmte Erwartungshaltung in Bezug auf das, was ein Kind isst oder nicht isst sowie auf seine Reaktionen auf Essen existiert. Auch wenn alle Eltern dieses Phänomen etwas unterschiedlich definieren würden, gibt es doch übergreifende Vorstellungen von „schwierigen Essern“. Und den meisten Eltern hilft es, zu wissen, dass ihr Kind sich in diesem Punkt nicht von anderen Kindern unterscheidet und dass die eigene Reaktion auf dieses schwierige Essverhalten ebenfalls ganz normal ist.**

## Der „typische“ schwierige Esser

In diesem Buch werde ich von gesunden, ganz normalen Kindern mit charakteristischen Essgewohnheiten berichten. Ihr Kind kann als typischer „schwieriger Esser“ bezeichnet werden, wenn die meisten – oder alle – der folgenden Aussagen auf es zutreffen:

- Mein Kind isst nur wenige, ganz bestimmte Nahrungsmittel.
- Mein Kind isst fast täglich dieselben Lieblingsspeisen.
- Die Ernährung meines Kindes besteht aus zu vielen ungesunden Dingen und zu wenigen gesunden Nahrungsmitteln.
- Mein Kind meckert über das Essen, das ich serviere, oder lehnt es gänzlich ab.
- Mein Kind nimmt nicht die täglich empfohlenen drei Haupt- und zwei Zwischenmahlzeiten zu sich.
- Mein Kind nimmt nicht die täglich empfohlenen fünf Portionen Gemüse zu sich.
- Mein Kind mag Brot und Nudeln aus Weißmehl, Vollkornprodukte lehnt es ab.
- Die Essmuster meines Kindes verändern sich im Laufe des Tages, der Woche und des Monats. Manchmal isst es über einen längeren Zeitraum nichts, und dann wieder hat es ständig Hunger.

## Wie geht es Ihrem Kind dabei?

Man muss zwischen dem typischen schwierigen Esser und jenen Kindern unterscheiden, die durch ihr Essverhalten körperliche oder emotionale Probleme ausdrücken. Anhand der folgenden Aussagen können Sie feststellen, ob das Essverhalten Ihres Kindes Ausdruck eines gesundheitlichen Problems oder normales schwieriges Essverhalten ist:

- Mein Kind hat jede Menge Energie.
- Mein Kind ist normalerweise fröhlich und zufrieden.
- Körpergröße und Gewicht meines Kindes entsprechen dem Altersdurchschnitt.
- Mein Kind lässt vier bis neuen Mal pro Tag Wasser (also etwa alle zwei bis drei Stunden) und hat regelmäßig alle ein bis zwei Tage Stuhlgang, der Stuhl ist normal.
- Mein Kind hat leuchtende Augen, eine reine Haut, gesunde Zähne und einen guten Muskeltonus.
- Mein Kind schläft gut, bekommt pro Nacht etwa zehn bis zwölf Stunden Schlaf und hält zusätzlich bei Bedarf Mittagsschlaf.
- Im Lauf einer Woche nimmt mein Kind etwas aus jeder der folgenden Lebensmittelgruppen zu sich: Körner, Milchprodukte, Obst, Gemüse, Eiweiße (Fleisch, Fisch, Bohnen, Sojaprodukte, Nüsse und Saaten), gesunde Fette und Öle.

igitt, igitt
mag ich nicht

Wenn Sie die meisten dieser Aussagen bejahen können, ist Ihr Kind ein typischer schwieriger Esser. Trifft die Liste größtenteils nicht auf Ihr Kind zu, dann steckt möglicherweise doch mehr hinter dem schwierigen Essverhalten Ihres Kindes. In diesem Fall sollten Sie mit Ihrem Kind und der Liste den Kinderarzt oder einen anderen geeigneten Gesundheitsexperten aufsuchen und das Problem mit ihm besprechen.

## Und wie reagieren Sie?

Und nun lassen Sie uns herausfinden, wie Sie in dieses Bild passen – denn auch Eltern regieren ähnlich. Sie sind eine ganz normale Mutter, ein ganz normaler Vater eines ganz normalen schwierigen Essers, wenn die folgenden Aussagen Sie im Großen und Ganzen gut beschreiben:

- Ich mache mir Sorgen, dass mein Kind bei bestimmten Mahlzeiten oder an bestimmten Tagen nicht genug isst.
- Ich mache mir Sorgen, dass mein Kind nicht genug Gemüse, Vollkornprodukte und/oder Proteine zu sich nimmt.
- Ich glaube, dass mein Kind zu oft das Falsche isst: z. B. Weißmehl und Zucker.
- Ich bitte und dränge mein Kind zu essen, und manchmal überrede oder erpresse ich es auch.
- Ich bin schon wütend geworden, weil mein Kind nicht gut isst bzw. nicht das isst, was gut für es ist.
- Ich fühle mich schuldig, weil mein Kind so schlecht isst.
- Wenn mein Kind die Nahrung ablehnt oder nicht das Richtige isst, halte ich das für meinen Fehler.
- Ich weiß nicht, wie ich mein Kind zu einem besseren Essverhalten bringen kann, aber ich möchte dieses Ziel wirklich erreichen.

Wahrscheinlich haben Sie den meisten dieser Punkte zugestimmt, denn sie sind charakteristisch für Ihre Situation. Wenn Sie erst einmal erkannt haben, wie normal Sie sind und wie normal Ihr Kind ist, können Sie die Schuldgefühle und den Stress angesichts des Essverhaltens Ihres Kindes ausschalten (oder zumindest reduzieren). Mit klarem Kopf können Sie dann einen Schritt weiter gehen und einen Plan entwerfen, der eine gesunde Ernährung Ihres Kindes unterstützt.

## Ihr „schwieriger Esser" ist noch ein Kind

Das vielleicht größte Problem liegt zum einem in der Idealvorstellung, Kinder wollten sich per se tagtäglich gesund und ausgewogen ernähren, Kinder würden mit Vergnügen Gemüse essen, Kinder hätten niemals Lust auf Junkfood und Kinder würden jede Süßigkeit für gesundes Obst links liegen lassen – und zum anderen im Gedanken, nur das eigene Kind halte sich nicht an diese Vorstellung. Lassen Sie uns dies als schieres Wunschdenken entlarven und feststellen, was Kinder wirklich wollen:

- Laut Abbott Nutrition, einem Zweig des weltweit agierenden Gesundheitsunternehmens Abbott laboratories, sind schwierige Esser ein weltweites Problem. In einigen Umfragen geben 75 Prozent aller Eltern zu Protokoll, ihr Kind sei aktuell ein schwieriger Esser bzw. ein solcher gewesen. Und sogar 85 Prozent aller Eltern sagen aus, ihr Kind „manchmal" ein schwieriger Esser.
- Bis zu 67 Prozent aller Eltern geben an, ihr Kind lehne Gemüse prinzipiell ab.
- Etwa 25 Prozent aller Eltern berichten, ihr Kind lehne unbekannte Nahrungsmittel und Gerichte ab.
- Ein Drittel aller Eltern gibt zu Protokoll, ihr Kind könne sich mühelos Tag für Tag von denselben drei bis fünf Lebensmitteln ernähren.
- Die Hälfte aller schwierigen Esser lehnt demnach gemischte Gerichte ab, sondern akzeptiert nur separate, nicht miteinander vermischte Nahrungsmittel.
- Die typische Altersspanne der schwierigen Esser reicht von 15 Monaten bis sechs Jahre, in manchen Fällen bis ins Erwachsenenalter.
- Ein Viertel aller Eltern findet das schwierige Essverhalten ihrer Kinder „mehr als frustrierend".

Schuld- oder Wutgefühle, die eigene Hilflosigkeit zu verkleinern. Außerdem lässt sich mit all diesem Wissen leichter ein wirksamer Plan zur Verbesserung der schwierigen Situation entwerfen.

## Das Erbe isst mit

Inwieweit genetische Faktoren unser Essverhalten beeinflussen, wird noch erforscht, aber es gibt Studien, die darauf hindeuten, dass wenn ein oder gar beide Elternteile schlechte Esser waren, die Wahrscheinlichkeit für schlechtes Essverhalten bei dem Kind auch hoch ist. Studien zeigen, dass eine frühere Abneigung der Eltern beispielsweise gegen Brokkoli, Fisch oder Obst mit behaarter Schale wie Pfirsich und Kiwi die Wahrscheinlichkeit steigen lassen, dass auch das Kind diese Lebensmittel ablehnt. Wissenschaftler haben herausgefunden, dass auch die Anzahl der Geschmacksknospen für Süßes und Saures genetisch festgelegt ist, und davon wiederum hängt ab, welche Lebensmittel bevorzugt gegessen und welche weniger geschätzt werden.

Amy, Mutter des zweijährigen Levi

### » Essen nach Farben

Ich war in meiner Kindheit und auch noch als junge Erwachsene eine extrem schlechte Esserin. Meine Schwester sagt, ich habe nach Farben gegessen – alles, was ich aß, musste beige sein: Pommes frites, Nudeln, Kartoffeln, Cracker, Brot, Geflügel.«

Diese Zusammenhänge zeigen, dass sich Familiengewohnheiten und Vorlieben bzw. Abneigungen der Eltern auf das Essverhalten der Kinder auswirken, dass aber auch Erbfaktoren eine Rolle spielen. Aber da jedes Kind bekanntlich zwei Elternteile hat, kann man nur hoffen, dass das eigene Kind die Vorliebe für Brokkoli vielleicht vom anderen Elternteil geerbt hat. Wenn allerdings beide Elternteile in der Kindheit schwierige Esser waren, muss man sich nicht über das Essverhalten des Kindes wundern.

Cristian Boboila, Molekular-, Zell- und Entwicklungsbiologie und Wirtschaft, Yale College

### » Unser Erbe

Früher glaubten die Wissenschaftler, dass alle Lebensmittelpräferenzen erlernt sind. Doch heute wissen wir, dass manche Vorlieben und Abneigungen biologisch begründet sind.«

## Manches ist auch angeboren

Muttermilch, die erste Nahrung des Säuglings, hat einen süßlichen Geschmack. Früchte, die man bedenkenlos verzehren kann wie Erdbeeren und Orangen, schmecken ebenfalls süß. Giftige Pflanzen, toxische Chemikalien und verdorbene Lebensmittel schmecken sauer oder bitter, sodass der natürliche Instinkt ein Kind vom Verzehr solcher Dinge abhält. „Wenn wir aus unseren Höhlen gekrochen wären und alles, was uns unter die Finger gekommen wäre, in den Mund gesteckt hätten, wäre das sehr gefährlich gewesen“, sagt Dr. Lucy Cooke vom University College London.

Auch in der heutigen Welt sind unsere Instinkte noch sehr wichtig. Sie bewahren Kinder davor, Verdorbenes oder giftige Substanzen zu sich zu nehmen. Sobald ein Kind etwas Bitteres im Mund hat, spuckt es dies dank seines natürlichen Instinktes aus – in den meisten

Fällen ist das eine sehr gute Idee. Unglücklicherweise besitzen ausgerechnet jene Inhaltsstoffe, die Gemüse so gesund machen, einen leicht bitteren Geschmack – sodass sich die Abneigung mancher Kinder gegen Gemüse auf seine natürlichen Instinkte zurückführen lässt.

Babys und Kleinkinder nehmen fast alles in den Mund, doch (normalerweise!) schlucken sie Plastik- oder Metallteilchen, Schmutz, Steinchen und andere Dinge, die sie mit dem Mund erforschen, nicht hinunter – man könnte es eine angeborene Sicherheitsschleuse der Natur nennen. Sie erkunden ein Objekt mit dem Mund, sie belecken es, kauen darauf herum – und spucken es wieder aus. Warum? Weil die Geschmacksknospen den fremden Geschmack nicht als etwas Essbares erkennen. (Lassen Sie Ihr Kind einen Keks oder einen Schokoriegel ablecken – diese werden sicher nicht wieder ausgespuckt.) Dieser Schutzinstinkt ist also sehr wichtig, trägt aber auf der anderen Seite nicht gerade zur Erweiterung der kindlichen Geschmackspalette bei. Nicht böser Wille des Kindes führt dazu, dass es ablehnend auf neue Nahrungsmittel und ihm unbekannte Geschmacksvarianten reagiert. Es handelt nur nach seinem natürlichen Instinkt.

All dies sollte man wissen, wenn man versucht, seinem Kind neue Geschmacksrichtungen wie Saures, Bitteres oder Herbes nahezubringen. Sie können aus diesem Wissen den Schluss ziehen, dass es hilfreich ist, neue Nahrungsmittel erst einmal mit süßen Zutaten zu kombinieren, wenn Sie sie dem Kind zum ersten Mal geben. So können Sie

- Blumenkohl, Kohlrabi oder Zucchini mit Käse zubereiten,
- Rosinen unter den Brokkoli mischen,
- Karottenstücke in Joghurt dippen,
- Gemüse schmoren, denn dabei treten seine süßen Aromen in den Vordergrund

– das sind hilfreiche Tricks.

## Geschmacksknospen melden alles weiter

Unsere Geschmacksknospen melden die festgestellten Geschmacksrichtungen an das Gehirn weiter. Babys besitzen mehr Geschmacksknospen als Erwachsene, und diese winzigen Organe bedecken die Zunge sowie die seitliche Mundhöhle und den Gaumen. Sie erkennen süße Geschmacksrichtungen am besten. Die Fähigkeit, andere Geschmacksrichtungen zu unterscheiden und zu lieben, entwickelt sich erst mit zunehmendem Alter. Mit Eintritt ins Erwachsenenalter hat sich die Vorliebe für Süßes gelegt, man schätzt nun auch andere Geschmacksrichtungen. Das bedeutet nicht, dass Erwachsene nicht auch gerne mal etwas Süßes essen, doch der Drang zu Süßem ist nicht mehr so stark und wird zudem durch das Wissen in Sachen gesunder Ernährung und die eigene Entscheidungsfähigkeit in Grenzen gehalten.

Amy Lanou, Ernährungswissenschaftlerin, Physicians Committee for Responsible Medicine

### » Vorliebe für Süßes

In sehr jungem Alter sind unsere Geschmacksknospen besonders auf Süßes eingestellt. Bietet man sehr kleinen Kindern Bananen und Beeren an, so befriedigt sie dieser Süßegrad. Bietet man ihnen jedoch hoch konzentrierte Süße in Form von Süßigkeiten, wird die Vorliebe für sehr Süßes ein Leben lang anhalten.«

Es besteht auch ein Zusammenhang zwischen der Vorliebe für Süßes und dem Knochenwachstum. Kinder in Wachstumsphasen haben stärkeres Verlangen nach Süßem. Verlangsamt sich das Knochenwachstum wieder, lässt sich die Lust auf Süßigkeiten nach. Dies mag damit zusammenhängen, dass zuckerhaltige Lebensmittel einen hohen Energiewert besitzen. Schnell wachsende Kinder sind sehr aktiv und haben einen höheren Energiebedarf als Erwachsene. Möglicherweise besitzen Kinder auch eine genetisch bedingte Neigung, Lebensmittel mit hoher Energiedichte „aufzuspüren“. Sie fühlen sich von fett- und zuckerreichen Lebensmitteln angezogen, während fett- und kalorienarmes Gemüse sie weniger interessiert. Davon müssten sie wesentlich größere Mengen zu sich nehmen, um dieselbe Kalorienmenge zu erreichen und ihren hohen Energiebedarf zu decken.

Dr. Danielle Reed, Genetikerin, Monell Chemical Senses Center in Philadelphia

### » Vorprogrammiert

Kinder sind auf süße Geschmäcker programmiert, weil diese die biologische Notwendigkeit höherer Energiedichte erfüllen.«

## Ist Ihr Kind ein „Supertaster“?

Babys und Kleinkinder haben hoch entwickelte Geschmacksknospen – doch darüber hinaus zählt ein Viertel von ihnen zu den sogenannten „Supertastern“. Darunter versteht man Menschen, die über deutlich mehr Geschmacksknospen als der Durchschnitt verfügen und somit Geschmack mit weitaus größerer Intensität wahrnehmen, Süß erscheint ihnen noch süßer, sauer und bitter noch intensiver als ohnehin schon. Auf diese Weise vergeht ihnen sprichwörtlich der Appetit auf Gemüse, Oliven, Grapefruit und Sojaprodukte, denn sie enthalten Antioxidantien und andere Substanzen, die für diese Supertaster unangenehm bitter schmecken. Kinder mit Supertaster-Genen meiden aufgrund der Geschmacksintensität oft auch süße und fette Aromen, was die Lebensmittelauswahl natürlich deutlich einschränkt. Der Vorteil: Menschen mit Supertaster-Genen konsumieren weniger Alkohol, Kautabak und Zigaretten, weil dies unangenehme Geschmackserlebnisse nach sich zieht. Damit können Sie sich trösten, wenn Sie also einen kleinen Supertaster zu Hause haben und angesichts seines Essverhaltens frustriert sind.

Schauen Sie Ihrem Kind mit einer Taschenlampe und einer Lupe in den Mund. Wenn Sie auf seiner Zunge mehr dieser roten erhabenen Pünktchen, die Geschmacksknospen beherbergen, als normal sehen, dann ist die Wahrscheinlichkeit groß, dass Sie einen Supertaster vor sich haben. (Betrachten Sie zum Vergleich einige andere Zungen – sicher finden Sie viele Kinder, die mit Vergnügen an diesem Experiment teilnehmen.) Mit zunehmendem Alter werden die Geschmacksknospen weniger und sind auch nicht mehr so empfindlich, sodass auch Supertaster eine größere Geschmackspalette genießen können.

Dr. Julie Mennella, Wissenschaftlerin, Monell Chemical Senses Center in Philadelphia

### » Bitte nicht bitter

Der Geschmackssinn spielt eine wichtige Rolle dafür, was Kinder essen. Wir wissen, dass Kleinkinder essen, was ihnen schmeckt. Wir wissen auch, dass viele Kinder nichts Bitteres mögen, was sich natürlich auf den Gemüseverzehr auswirkt und damit die Zufuhr an wichtigen Nährstoffen beschränkt.«

## Die Macht der Gerüche

Nicht nur unser Geschmackssinn, sondern auch unser Geruchssinn beeinflusst die Wahrnehmung unterschiedlicher Geschmacksrichtungen. 70 bis 80 Prozent der Geschmackswahrnehmung basiert auf dem Geruch eines Lebensmittels. So lässt sich auch erklären, dass wir bei einem starken Schnupfen den Appetit verlieren.

Babys und Kleinkinder besitzen einen ausgeprägten Geruchssinn – und werden vom süßen Duft der Muttermilch unwiderstehlich angezogen. Babys sind sogar in der Lage ihre Mutter allein an deren persönlichem Duft unter vielen anderen Frauen zu erkennen, ein Erwachsener wäre dazu nicht fähig.

Der kindliche Geruchssinn wird noch einmal mehr geschärft, wenn das Kind Hunger hat. In diesem Moment wirkt der Geruch von Nahrung besonders stark und bestimmt somit, ob das Kleine geeignete Nahrung findet oder nicht. Diese „Supernasen-Fähigkeit" erklärt unter anderem, warum Kinder eine Vorliebe für den angenehmen Duft von Süßem – denken Sie nur ans Plätzchenbacken – und eine Abneigung gegen Nahrungsmittel mit säuerlichem oder bitterem Geruch – Rosenkohl gefällig?

Gerüche beeinflussen auch deshalb die Nahrungswahl Ihres Kindes, weil bekannte Gerüche tröstend und beruhigend auf Kinder wirken. Kinder werden von Nahrungsmitteln angezogen, deren Duft sie wiedererkennen. Seltsame, unbekannte Gerüchte werden indes hinterfragt – ein Grund mehr, dass Kinder so oft neue Lebensmittel und Gerichte ablehnen.

## Essen als ganzheitliches Erlebnis

Kinder nehmen Essen anders wahr als Erwachsene. Ebenso wie Kinder Spielzeuge, die Natur und jeden beliebigen Gegenstand durch Berührung, durch Riechen und Abtasten erfahren, so möchten sie auch ihr Essen erforschen. Ihr Kind will die Form, die Farbe, die Konsistenz und die Eigenschaften eines Nahrungsmittels untersuchen. Kann man das, was auf dem Teller liegt, drücken, quetschen, aufeinander stapeln oder zum Schmelzen bringen? Lassen Sie es zu, so wird Ihr Kind mit allen seinen Sinnen (und eben auch mit seinen Händen) erkunden, wie das Lebensmittel aussieht, wie es riecht, sich anfühlt und auf Druck reagiert. Das Ergebnis dieser Untersuchung kann darüber entscheiden, ob Ihr Kind das Lebensmittel probiert. Und auch dann geht die Erforschung weiter. Wie fühlt es sich im Mund an? Ist es knusprig oder weich? Zäh oder cremig? Verändert sich der Geschmack beim Kauen? Zerfällt es beim Kauen oder verklumpt es? Gefällt Ihrem Kind das Ergebnis nicht, wird es das Ding ausspucken. Dieser Prozess ist Teil der angeborenen kindlichen Neugier.

## Prägende Familienbande

Viele Wissenschaftler sind der Meinung, dass bestimmte Lebensmittel dem Kind schon vor der Geburt bekannt sind, da das Ungeborene Fruchtwasser schluckt und „atmet", das manche Aromen der mütterlichen Nahrung enthält. Isst eine werdende Mutter also während der Schwangerschaft oft dasselbe, kann dies die zukünftigen Präferenzen ihres Kindes beeinflussen. So hat beispielsweise eine Studie des Monell Chemical Senses Center in Philadelphia ergeben, dass Babys von Müttern, die in der Schwangerschaft täglich Karottensaft tranken, ebenfalls gerne Karottensaft mochten, während Babys, die deren Mütter nicht diesen Saft tranken, ihn eher ablehnten. Gestillte Säuglinge kommen über die Muttermilch mit Aromen in Kontakt und lernen die typischen Familiengerichte schon vor ihrer Geburt kennen.

Auch kulturelle Faktoren beeinflussen die Ernährung. Denken Sie nur an das „traditionelle" Frühstück in unterschiedlichen Kulturen: Amerikanische Kinder essen Zerealien, Toast, Eier und Pancakes. Indische Kinder genießen ihr morgendliches Curry, während Kinder in Guatemala sich auf Maistortillas mit Bohnen freuen und japanische Kinder morgens Reis, Sojasuppe und Fisch zu sich nehmen. Da ein Kind einen Geschmack oft erst nach vielen Anläufen schätzen lernt, werden die typischen, oft aufgetischten Familiengerichte irgendwann auch zu seinen Lieblingsessen zählen.

Interessanter ist die Tatsache, dass Eltern in fast allen Ländern ihren Kindern eine mildere Version der „Erwachsenenspeisen" auftischen und es den Kleinen so ermöglichen, sich allmählich an die typischen Gewürze und Aromen, an Gerüche und Konsistenzen zu gewöhnen. Die kindliche Sensibilität gegenüber Nahrung wird universell akzeptiert.

Die meisten Kinder sehnen sich nach Ordnung. Sie lieben vorhersagbare Abläufe, Rituale und Beständigkeit. Sie singen immer wieder das gleiche Lied, sie wollen immer wieder dasselbe Buch vorgelesen bekommen und spielen Tag für Tag mit demselben Lieblingsspielzeug. Kinder mit schwierigem Essverhalten mögen oft nur ganz wenige bestimmte Lebensmittel und Gerichte und durch die Macht der Gewohnheit werden sie von typischen Familiengerichten angezogen.

Für viele schwierige Esser sind die Mahlzeiten und das, was sie essen, Teil der täglichen Routine, von der sie nur ungern abweichen. Mag ein Kind nach seinem Mittagsschlaf beispielsweise gerne Kakao, Käse und Salzstangen, verlangt es nach dem Mittagsschlaf immer nach Kakao, Käse und Salzstangen. Gibt man ihm dagegen Milch, Joghurt und Vollkornkekse, wird es unzufrieden reagieren – und ein Kampf ist vorprogrammiert.

## In Wachstumsphasen schmeckt viel mehr

Babys wachsen schnell, die meisten verdreifachen im ersten Lebensjahr ihr Gewicht. Ernährung ist die Triebkraft für dieses Wachstum. Gestillte Säuglinge brauchen täglich zehn bis 15 (oder sogar mehr) Brustmahlzeiten, fläschchenernährte Babys zehn oder mehr. Im Kleinkindalter verlangsamt sich das Wachstum etwas. Daher benötigen Kleinkinder weniger Nahrung und die Abstände zwischen den einzelnen Mahlzeiten verlängern sich. An diesen neuen Ernährungsplan müssen sich auch die Eltern gewöhnen.

Nach dem durchgängig rasanten Wachstum im ersten Lebensjahr verändert sich die Wachstumskurve des Kindes. Wachstumsschübe wechseln sich mit Phasen langsameren Wachstums ab – und der Appetit des Kindes spiegelt diese Auf-und-Ab-Kurve wider.

Kleinkinder sind sehr aktiv und interessieren sich mehr für ihren neuen Aktionsradius und die Erforschung der Umwelt als fürs Essen. Doch auch in ihrem Gehirn gibt es ein Appetit- und Sättigungszentrum, das bestimmt, wann und wie viel Hunger sie haben. Kleinkinder essen oft in unregelmäßigen Schüben. Bei einer Mahlzeit füllen sie sich den Magen randvoll, um bei der nächsten Mahlzeit keinen Appetit zu haben.

Auch die Entwicklung älterer Kinder vollzieht sich weiterhin in Schüben – und dies wiederum spiegelt sich auch ihrem Essverhalten und den Mengen, die sie zu sich nehmen, wider.

## Kleine Machtspiele

Kleinkinder haben wenig Kontrolle darüber, was in ihrem Leben passiert. Die Erwachsenen sagen ihm, was es tun soll, wann es etwas tun soll und wie es etwas tun soll. Kinder müssen vieles tun, was sie nicht gerne tun, zum Beispiel in den Kindergarten oder zur Schule gehen, vom Spielplatz nach Hause gehen oder ins Bett gehen. Eines der wenigen Dinge, die ein Kind wirklich selbst bestimmen kann, ist, was in seinen Mund kommt und was nicht. Das Essen ist einer der wenigen Bereiche, in denen das Kind das letzte Wort hat und sagen kann: Ihr könnt mich nicht zwingen, es hinunter zu schlucken!

Auch der Faktor „Macht" hat bei schwierigem Essverhalten eine Bedeutung und kann zahlreiche Interaktionen beeinflussen, wenngleich er in den meisten Fällen nicht die entscheidende Rolle spielt. Kein Kind ist in der Lage, diesen Kampf mit den Erwachsenen bei jeder Mahlzeit auszufechten. Ein Kind allerdings, das den Geschmack von Kohlgemüse gar nicht mag, wird den Kampf jedes Mal aufnehmen, wenn Kohl auf seinem Teller landet. Und ein Kind, das liebend gerne Junkfood und Süßigkeiten isst, wird jammern, quengeln und nörgeln, um an sein Ziel zu kommen.

## Eine Frage des Wissens

Als Erwachsener nimmt man Nahrung zu sich, weil sie gesund ist und nicht unbedingt, weil sie prima schmeckt. Sie essen Fisch, Reis und Salat zu Abend und keinen Eisbecher mit Sahne, weil Sie sich gesund ernähren wollen. Ich würde auch gerne Schokomuffins zum Frühstück genießen, aber ich tue es nicht, weil ich weiß, dass es viele leere Kalorien sind. Rosinen sind nicht unbedingt meine Lieblingsspeise, aber ich mische sie jeden Morgen unter mein Müsli, weil bekannt ist, dass sie viele Vitamine, Mineralstoffe und Ballaststoffe enthalten und mir einen guten Start in den Tag bescheren. Kleinkinder verfügen nicht über dieses Wissen. So erklärt sich, warum viele Kinder im Zweifelsfall Süßigkeiten, Eis und Muffins bevorzugen. Auch dies spielt in Zusammenhang mit schwierigem Essverhalten eine Rolle.

Dr. Patricia Pliner, Universität Toronto

» Verhalten kann man ändern

Wir müssen begreifen, dass Biologie nicht gleichbedeutend mit Schicksal ist. Die Tatsache, dass schwieriges Essverhalten teilweise auch genetisch bedingt ist, bedeutet nicht, dass man daran nichts verändern kann.«

## Frühe Erfahrungen

Führt man sich einmal die unendlichen vielen Gründe und Ursachen schwierigen Essverhaltens vor Augen, wird einem klar, womit Eltern es zu tun haben! Da bemüht man sich, sein Kind gesund und ausgewogen zu ernähren – und die Natur selbst wirft einem Knüppel zwischen die Beine. Kein Wunder, dass viele Eltern den Kampf aufgeben und dem Kind einfach geben, wonach es verlangt. Das Problem bei dieser Methode ist, dass es sich um einen Teufelskreis handelt. Das Kind verweigert gesunde Nahrung, die Eltern geben ihm nährstoffarmes Junkfood. Das Kind gewöhnt sich an dieses Essen und isst die gesunden Dinge, die die Eltern ihm anbieten, noch viel weniger. Bis das Kind aus diesem Teufelskreis herausgewachsen ist, haben sich die Essgewohnheiten so verfestigt, dass es schwer sein wird, sie zu ändern.

Untersuchungen zeigen, dass sich Essgewohnheiten in jungen Jahren ausbilden. Eine von der Universität Tennessee durchgeführte Studie begleitete acht Jahre lang 70 Mutter-Baby-Paare. Die Wissenschaftler stellten fest, dass die Kinder mit zehn Jahren noch immer dieselben Nahrungsmittel bevorzugten wie mit zwei oder drei Jahren. Diese Erkenntnis zeigt, dass Eltern eine enorme Macht und Verantwortung haben, wenn es darum geht, das zukünftige Essverhalten ihrer Kinder zu prägen. Und sie zeigt, dass wir größte Aufmerksamkeit und Sorgfalt auf die Wahl der Nahrungsmittel verwenden sollten, die wir unseren Kindern vorsetzen.

„Rethinking First Foods", Time, 11. Juni 2006

» Eltern sind Vorbilder

In den meisten Fällen sind es Eltern und insbesondere die Mütter, die entscheiden, was das Baby isst. Mütter geben ihren Babys in der Regel nichts, was sie selbst nicht mögen. Mag eine Mutter keinen Rosenkohl, wird ihr Kind auch keinen bekommen.«

# Ernährungsfallen geschickt umgehen

**Würden Sie anstatt des Reinigungstabs Motoröl in Ihren Geschirrspüler füllen? Würden Sie Ihren Rasen mit Farbverdünner wässern? Würden Sie modriges Wasser in den Tank Ihres Autos geben? Würden Sie einem Kind im Wachstum eine Ernährung bieten, die aus Zucker, hochgradig verarbeiteten Lebensmitteln, Farb- und Konservierungsstoffen besteht und so gut wie keinen Nährwert besitzt?**

So offensichtlich die Antworten auf diese Fragen sind, so viele Kinder wachsen mit schlechter Ernährung auf und entwickeln sich deshalb nicht optimal bzw. sind nicht so gesund, wie sie sein könnten. Sein Kind Tag für Tag gesund zu ernähren ist eine schwierige Mission, und selbst viele wohlmeinenden Eltern kennen nicht alle wichtigen Fakten in punkto Kinderernährung.

Ihr Kind weigert sich, Neues zu probieren? Ihr Kind kommt mit einer Handvoll Cracker und einer halben Banane aus? Ihr Kind spielt lieber mit seinen Bauklötzen als seine Brotzeit zu essen? Ganz gleich, mit welchen Herausforderungen Sie zu kämpfen haben, sollten Sie einige entscheidende Fakten über Kinder und Ernährung kennen, wenn Sie die Situation verändern wollen. Auf dieser Grundlage können Sie die richtigen Entscheidungen treffen und an den richtigen Stellschrauben drehen. Überdies ist es für viele Eltern hilfreich zu erfahren, dass sie nicht allein dastehen – im Gegenteil: Kinder mit schwierigem Essverhalten gibt es in vielen Familien rund um den Erdball – und alle Eltern sind mit derselben Situation konfrontiert. Deshalb möchte ich Ihnen hier einige Informationen geben, bevor ich Ihnen im 2. und 3. Kapitel des Buches Tipps und praktische Lösungen für den Umgang mit schwierigen Essern vorstelle.

## Gutes Essen macht gute Laune

Eine ausgewogene Ernährung wirkt sich positiv auf die Stimmung des Kindes aus und kann Wutanfällen, Quengeleien und Nörgeleien vorbeugen, die oft durch Hunger hervorgerufene Stimmungsumschwünge und Nährstoffmangelzustände begleiten. Der wissenschaftliche Zusammenhang zwischen Ernährung und Stimmung ist – kurz ausgedrückt – folgender: Die Nahrung bewirkt Veränderungen unserer Gehirnfunktion, die sich direkt auf unsere Stimmung niederschlagen. Eine vom Food and Mood Project in Großbritannien bei Erwachsenen durchgeführte Studie zeigt, dass 80 Prozent der Menschen mit affektiven Störungen ihre Stimmungsschwankungen in direkten Zusammenhang mit der eingenommenen Nahrung setzen konnten. Es existiert also zweifellos eine Verbindung zwischen Körper und Geist.

Kinder mit Nahrungsmittelunverträglichkeiten oder -allergien leiden nicht selten unter Stimmungsschwankungen, unerklärlichen Wutausbrüchen, Müdigkeit und Hyperaktivität – jeweils direkt nach dem Verzehr angebotener Nahrung. Bei einer unerkannten Allergie kann das Kind möglicherweise zu jeder Mahlzeit genau das Falsche zu sich nehmen. Deshalb ist es nicht einfach, den oder die Auslöser der Symptome zu erkennen.

Zusätzlich zu den chemischen Veränderungen, die Nahrung im Körper auslöst, schwankt der Blutzuckerspiegel von Kindern im Laufe eines Tages ganz erheblich: Der zeitliche Abstand zwischen den Mahlzeiten sowie die Art der Nahrung beeinflussen diese Schwankungen maßgeblich. Umfasst die Nahrung des Kindes viel Zucker und Kohlenhydrate aus Weißmehl bzw. eiweiß- und ballaststoffarmes Junkfood, dann ist dies eine echte Herausforderung für den kindlichen Organismus. Hinzu kommt, dass viele Kinder über einen längeren Zeitraum nichts essen, was für den Körper wiederum Stress bedeutet. Der Blutzuckerspiegel schwankt dann häufig und stark, was zu emotionalen Einbrüchen, Trotz- und Wutanfällen, zu Dickköpfigkeit, Genörgel und Gequengel führen kann.

Im Gegensatz dazu wirken sich gesunde, ausgewogene, in regelmäßigen Abständen eingenommene Mahlzeiten und Zwischenmahlzeiten sehr positiv auf die kindliche Stimmung aus. Sie äußern sich in einer stabilen Gefühlslage und dem entsprechenden Verhalten.

## Und so sieht der Alltag aus

Verschiedene Studien zeigen, dass etwa 23 Prozent aller Kinder in Deutschland ohne Frühstück in die Schule kommen. In Amerika zeigt eine von der American Dietetic Association (Amerikanische Gesellschaft für Diätetik und Ernährung) durchgeführte Untersuchung sogar, dass viele Kinder gar keine regelmäßigen Mahlzeiten kennen. Mehr als 40 Prozent aller Kinder frühstücken nicht täglich und geschätzte lassen 22 bis 38 Prozent aller Kinder lassen dort auch das Mittagessen aus.

Vielleicht erstaunt es Sie zu erfahren, dass Kinder, die das Mittagessen auslassen, neben Stimmungsschwankungen auch deutlich mehr Körpergewicht aufweisen als Kinder, die regelmäßig drei Mahlzeiten pro Tag zu sich nehmen. Außerdem haben sie ein erhöhtes Risiko, ein Leben lang unter Fettsucht zu leiden. Die Ursachen liegen darin,

- dass die übergangenen Mahlzeiten oft Heißhungerattacken und Gier nach fetten Snacks auslösen,
- dass diese Menschen Schwierigkeiten haben, Portionsgrößen abzuschätzen, sodass sie mehr Kalorien zu sich nehmen,
- und dass diese Kalorien im Gegensatz zu einer ausgewogenen Mahlzeit keinen bzw. nur einen sehr geringen Nährwert aufweisen.

Selbst Kinder, die regelmäßig essen, nehmen verhältnismäßig viel Kohlenhydrate in Form von Weißmehl und Zucker anstelle von Vollkornprodukten, Obst, Gemüse und Proteinen zu sich. Die Mehrzahl der Kinder bezieht heute mehr als ein Viertel ihrer täglichen Kalorien aus Junkfood, also aus nährstoffarmen Lebensmitteln mit einem hohen Anteil an Kohlenhydraten und Zucker. Kinder werden jeden Tag mit ungesunder Nahrung konfrontiert – und sie besitzen weder das Wissen noch die Selbstdisziplin oder die Weitsicht, die richtigen Entscheidungen für sich selbst zu treffen.

## So helfen Sie Ihrem Kind

Entwerfen Sie für Ihr Kind einen täglichen Essensplan, der Frühstück, Mittag- und Abendessen sowie zwei bis drei kleine Zwischenmahlzeiten umfasst. Bringen Sie Ihrem Kind bei, auf die Signale seines Körpers zu hören, bei Hunger etwas Gesundes zu essen und Junkfood als schnellen Hungerstiller zu vermeiden. Hinweise zu angemessenen Portionsgrößen für Haupt- und Zwischenmahlzeiten finden Sie in der Tabelle „Typische Tagesrationen und Portionsgrößen" (Seite 50/51).

Probieren Sie doch zum Frühstück ein leckeres Frischkornmüsli mit Apfel (Seite 120) oder einen Quark-Muffin (Seite 122).

## Zu viel Zucker schafft Probleme

Untersuchungen zeigen, dass Babys mit einer Vorliebe für Süßes geboren werden und dass diese Präferenz während der Kindheit auch erhalten bleibt. Ich bin sicher, dass Sie für diese Erkenntnis keine wissenschaftliche Untersuchung brauchen – das haben Sie schon selbst festgestellt!

Es ist schwer, Kinder von Süßem fernzuhalten, denn Süßes ist allgegenwärtig: in den Supermärkten, bei Freunden, bei Oma und Opa, vor dem Fernseher und wahrscheinlich auch in Ihrer Küche. Süßes ist einfach unwiderstehlich. Neben den offensichtlichen Süßigkeiten ist Zucker auch in zahlreichen Lebensmitteln enthalten, zum Beispiel in Müslis, Joghurt, Brot, Suppen, Gewürzen, Nuss-Nugat-Creme, Crackern, Konservenobst, Pfannkuchenteig und vielem, vielem mehr.

Ein bisschen Süße ist sicherlich noch keine Sünde, doch ein Übermaß kann zu Karies und Fettleibigkeit führen und all die mit Übergewicht verbundenen Probleme mit sich bringen, zum Beispiel hoher Blutdruck, Herz-Kreislauf-Erkrankungen, Rücken- und Gelenkprobleme und Diabetes. Übersüße Nahrung kann auch zu Vitaminmangel führen, da süße Snacks und Getränke das Kind mit leeren Kalorien sättigen und keinen Raum mehr für vitaminreiches Obst und Gemüse lassen. Weitere mögliche Gefahren sind ein gedrosseltes Immunsystem sowie ein erhöhtes Risiko, an Asthma, Migräne, Depressionen, einem Emphysem, Ekzemen, Arthrose, Gallensteinen und Herzleiden zu erkranken.

Kekse, Bonbons, Eis und andere Süßigkeiten sind ganz offensichtlich Hauptschuldige, aber auch zahlreiche Getränke enthalten mehr Zucker, als einem oft bewusst ist. Mehr über das Problem der Softdrinks erfahren Sie im Abschnitt „Süße Limonaden lieber stehen lassen (Seite 41).

Zucker wird vom kindlichen Organismus sehr schnell aufgenommen, sorgt für einen sofortigen Anstieg des Blutzuckerspiegels – und schon ein, zwei Stunden später für einen ebenso rasanten Abfall. Dieses Auf und Ab des Blutzuckerspiegels kann zu Stimmungsschwankungen und emotionalen Krisen führen. Studien zeigen, dass manche Kinder sehr sensibel auf Zucker reagieren, was die negativen Effekte von Süßem verstärkt zutage treten lässt. Die Bestsellerautorin Dr. Kathleen DesMaison erklärt in ihrem Buch Little Sugar Addicts, zu deutsch Die kleinen Zuckersüchtigen, dass Zucker bei diesen besonders zuckerempfindlichen Kindern zu Stimmungsschwankungen, Verhaltensauffälligkeiten, Konzentrationsschwäche und Müdigkeit führt. Und sie empfiehlt eine deutlich zuckerreduzierte Ernährung als einfachste und wirksamste Abhilfe.

### Und so sieht der Alltag aus

Laut verschiedenen Studien bezieht ein deutsches Kind etwa 12 Prozent seiner täglichen Kalorien aus Zucker, also aus Süßigkeiten, gesüßten Getränken und dem verstecken Zucker, der sich in zahlreichen alltäglichen Lebens-

so viel
ZUCKER...!

mitteln verbirgt. Bei einem typischen amerikanischen Kind sind dies sogar mehr als 20 Prozent. Das bedeutet einen täglichen Zuckerkonsum von sage und schreibe 17 bzw. 29 Teelöffeln Zucker! Mehr als 60 Prozent aller Kleinkinder konsumieren regelmäßig süße Desserts, Süßigkeiten und gesüßte Getränke. Studien zeigen, dass 20 Prozent aller Zweijährigen täglich Süßigkeiten verzehren! Es würde mich nicht erstaunen, wenn bei den Schulkindern dieser Prozentsatz noch höher, möglicherweise bei 100 Prozent läge.

Nicole, Mutter der vierjährigen Victoria

## » Auf der Suche nach dem Zucker

Ich habe eine Webseite mit einem Nährwertrechner gefunden, der Kalorien, Fett, Proteine, Ballaststoffe und Zucker der verschiedenen Lebensmittel angibt. Gestern habe ich alles, was meine Tochter im Lauf des Tages gegessen hat, eingegeben. Mich hat fast der Schlag getroffen, als ich feststellen musste, dass sie das Doppelte der täglich empfohlenen Zuckermenge zu sich genommen hat! Ich hatte keine Ahnung, wie viel versteckten Zucker unsere Nahrung enthält.«

Sechs Kilo Zucker im Jahr – hört sich das nach viel an? Dies ist der jährliche Zuckerkonsum eines Erwachsenen – im Jahr 1880. Heute liegt diese Zahl bei mehr als 75 Kilo pro Jahr – pro Person! Einer der Gründe für diesen bemerkenswerten Anstieg liegt darin, dass Zucker nicht nur in Süßigkeiten, Gebäck und Softdrinks steckt, sondern unter anderen Bezeichnungen auch in den meisten Fertiggerichten und Getränken (siehe nachfolgende Liste). Viele vermeintlich gesunde Lebensmittel wie etwa Energieriegel, Fruchtsaftgetränke, Fruchtsnacks und Joghurts enthalten einen hohen Zuckeranteil.

Neben dem zusätzlich zugesetzten Zucker enthalten viele Lebensmittel natürlichen Zucker, zum Beispiel Obst, Milch und Joghurt. Manche Kinder leiden unter Laktoseintoleranz, die die Verdauung von natürlichem Milchzucker in Milchprodukten erschwert und zu Krämpfen, Blähungen, Übelkeit und Durchfall führen kann, ganz zu schweigen von dem schlechten Allgemeinbefinden, das diese Beschwerden mit sich bringen.

Natürliche Zuckertypen sowie zurückhaltend gesüßte Nahrungsmittel können Teil einer gesunden Ernährung sein, aber ein Übermaß an Zucker tut niemandem gut – und schon gar nicht aktiven, im Wachstum befindlichen Kindern.

### Zucker gut versteckt

Auf den Zutatenlisten zuckerhaltiger Lebensmittel muss nicht gezwungenermaßen das Wort „Zucker" erscheinen. Die folgenden Bezeichnungen sind andere Formen von Zucker:

- Ahornsirup
- Ahornzucker
- Demerara
- Dextrine
- Dextrose
- Fruchtzucker, Glucose(-sirup), Glucose-Fructose-Sirup (Maissirup), Traubenzucker
- Fructose (-sirup)
- Galaktose
- Honig
- Invertzuckersirup
- Lactose = Milchzucker
- Maltit bzw. Maltitol
- Maltodextrin
- Maltodextrin(e)
- Maltose = Malzzucker

- Melasse
- Polydextrose
- Reissirup
- Rohrzucker
- Saccharose (Rüben-, Rohr-, Haushaltszucker, Kristallzucker, Puderzucker)
- Sorbitol
- Staubzucker
- Xylitol
- Zuckersirup

### Zucker ersetzt

Zucker einfach nur durch künstliche Süßstoffe zu ersetzen ist keine Lösung. Zuckerersatzstoffe liefern Kinder einen süßen Geschmack, der manchmal noch intensiver als der Zucker selbst ist. Und das kann nicht unser Ziel sein, denn das Kind wird nach immer mehr Süßem und immer noch Süßerem verlangen. Neben dem extremen Süße-Kick liefern künstliche Süßstoffe keinerlei Nährwert. Manche dieser chemischen Substanzen stehen sogar im Verdacht, gesundheitsschädlich zu sein, schädlicher noch als zu viel Zucker. Möglicherweise können Sie Kopfschmerzen, Depressionen, Angstzustände, Schwindel, Magen-Darm-Störungen und sogar Krebs zu verursachen. Hier eine Liste künstlicher Süßstoffe, die derzeit in der EU zugelassen sind:

- Acesulfam
- Aspartam
- Aspartam-Acesulfam-Salz
- Cyclamat
- Neohesperidin
- Neotam
- Saccharin
- Sucralose
- Steviosid
- Thaumatin

Informieren Sie sich über die Süßungsmittel, die in Ihren Lebensmitteln enthalten sind, aber vergessen Sie nicht, dass es bislang noch keine abgeschlossenen Langzeitstudien gibt, auf deren Grundlage man beurteilen könnte, ob diese chemischen Substanzen Kindern (oder Erwachsenen) gut tun oder nicht. Insofern ist es klug, auf diese Stoffe so weit wie möglich zu verzichten.

### So helfen Sie Ihrem Kind

Definieren Sie, wie viel Zucker angemessen für Ihr Kind ist, und überwachen Sie seinen täglichen Zuckerkonsum. Lesen Sie die Zutatenlisten auf den Lebensmittelverpackungen, um zu erfahren, wie viel Gramm Zucker die jeweiligen Produkte enthalten, und bringen Sie dies auch Ihren Kind bei. Stellen Sie feste Regeln für den Zuckerkonsum auf, sodass dieses Thema nicht zum ständigen Kampf zwischen Ihnen und Ihrem Kind wird.

## Vollkorn macht stark

Körner sind ein wichtiger Bestandteil gesunder Ernährung, doch es liegen Welten zwischen Weißmehlprodukten und Vollkornprodukten. Das Getreidekorn besteht aus drei Teilen: der äußeren ballaststoffreichen Frucht- und Samenschale (auch Kleie genannt), dem inneren, nährstoff- und ölhaltigen Keimling und in der Mitte dem stärkereichen Körper (Endosperm). Und was enthält das typische Weißmehl? Größtenteils die stärkereiche, nährstoffarme Mittelschicht, das Endosperm. Man nennt dieses Weißmehl auch Auszugsmehl, da eben nur ein Auszug des vollen Getreides, eben ohne Keimling und Schalenschichten, in die Tüte gelangt.

Für Reis gilt Ähnliches: Brauner Reis ist vollwertig, während weißer Reis dem Weißmehl entspricht: die nährstoffhaltigen Schichten wurden entfernt. Deshalb enthält weißer Reis die meisten Nährstoffe nicht mehr, sondern hauptsächlich nur noch das stärkereiche, aber nährstoffarme Endosperm.

Die Stärke, wie wir sie in Getreide, Reis und Kartoffeln finden, besteht aus einer langen Kette aneinandergereihter Zuckermoleküle. Im Rahmen des Verdauungsprozesse werden diese in die einzelnen Glieder zerlegt ist. Die Auswirkungen auf den Blutzuckerspiegel sind folgende: Wenn die Glukose als kleinster Baustein ans Blut abgegeben werden kann, steigt der Blutzuckerspiegel an. Sobald die Stärkezufuhr beendet ist, sinkt der Blutzuckerspiegel schnell wieder ab, man bekommt wieder Hunger.

Weißmehl und weißer Reis werden schnell verdaut – mit einem raschen Auf und Ab des Blutzuckerspiegels und dementsprechend einem schnell wieder auftretenden Hungergefühl. Isst Ihr Kind ein Weißmehlbrötchen, weiße Nudeln oder weißen Reis, verzehrt es den nährstoffärmsten Teil des Korns. Der Blutzuckerspiegel reagiert mit einem schnellen Anstieg und einem rasanten Abfall – mit der Folge, dass es schnell wieder etwas essen möchte. Vollkornprodukte werden deutlich langsamer abgebaut und halten so länger vor.

Vollkornprodukte sind eine wichtige Ballaststoffquelle. Diese Ballaststoffe werden für eine gesunde Verdauung benötigt, tragen zur Senkung des Cholesterinspiegels bei und beugen Diabetes vor. Eine ballaststoffreiche Ernährung kann das Risiko einer Herz-Kreislauf-Erkrankung senken und ist ein wichtiger Faktor im Kampf gegen Fettleibigkeit. Ballaststoffe wirken gegen Verstopfung, sie reinigen den Darm und beugen in aller Regel Blähungen sowie Verdauungsstörungen vor. Indem Sie von Auszugsprodukten auf Vollkornprodukte umsteigen, können Sie Ihre tägliche Ballaststoffzufuhr deutlich erhöhen.

*wichtig*

**Nimmt Ihr Kind täglich Vollkornprodukte zu sich, wird es mit wichtigen Vitaminen, Mineral- und Ballaststoffen versorgt, die sein Wachstum unterstützen und es vor Herz-Kreislauf-Erkrankungen, Diabetes, Krebs und Fettleibigkeit schützen.**

## Und so sieht der Alltag aus

Fast alle Kinder essen große Mengen von Mehlprodukten, aber das Durchschnittskind nimmt weniger als 20 Prozent davon in Form von Vollkornprodukten zu sich. Neun von zehn Kindern verzehren zu wenig Ballaststoffe.

## So helfen Sie Ihrem Kind

Wählen Sie möglichst immer die Vollkornvariante. Ist Ihr Kind bereits an Auszugsprodukte gewöhnt, finden Sie im Abschnitt „Die ‚Top Ten‘ der Tipps, Tricks und Taktiken“ (Seite 64) Informationen für einen schrittweisen Übergang zu einer gesunden Vollwerternährung. Den Hefeteig (Seite 136) für die Lieblingspizza Ihres Kindes können Sie auch gut mit Vollkornmehl backen.

## Obst und Gemüse stecken voller Wunder

Obst und Gemüse sollten Sie so viel wie möglich essen, da diese Nahrungsgruppen bemerkenswert viele Vitamine und Mineralstoffe enthalten. Obst und Gemüse werden nur langsam verdaut. Deshalb kommt es zwischen den einzelnen Mahlzeiten nicht zu so starken Schwankungen des Blutzuckerspiegels und damit nicht zu Heißhungerattacken kommt. Obst und Gemüse sind die beste natürliche Ballaststoffquelle und sorgen dafür, dass der Verdauungstrakt Ihres Kindes optimal arbeitet. Wie schon erwähnt, sind Ballaststoffe eine wichtige Vorbeugung gegen Herz-Kreislauf-Erkrankungen, Diabetes und Krebs. Obst und Gemüse senken außerdem das Schlaganfall- und Osteoporose-Risiko. Eine ballaststoffreiche Ernährung beugt Übergewicht und Verstopfung vor und gibt dem Kind Energie. Im Übrigen wird auch das Sauberwerden erleichtert, denn eine ballaststoffreiche Ernährung regt die Darmtätigkeit an, beugt Verstopfung vor und führt zu einem regelmäßigen Stuhlgang, den das Kind leichter kontrollieren kann. Harter Stuhlgang verursacht oft Schmerzen, das Kind hat Angst vor dem Toilettengang, hält den Stuhl noch länger zurück – ein Teufelskreis beginnt.

Auch in Sachen Obst und Gemüse werden die Essgewohnheiten in jungen Jahren geprägt. Neue Studien haben ergeben, dass Kinder, die schon früh Obst und Gemüse essen und diese Essgewohnheit beibehalten, später weniger häufig unter Herz-, Blut- und Arterienerkrankungen leiden.

### Und so sieht der Alltag aus

Viele Eltern berichten, dass es beim Gemüseessen ständig Probleme gibt. Die meisten Kinder essen sehr viel lieber Obst als Gemüse und rohes Gemüse wird lieber gegessen als gekochtes Gemüse. Im Alltag bleibt der Verzehr von Gemüse bei deutschen Kindern aber um mehr als 50 Prozent unter den Empfehlungen. Beim Obst sieht es kaum besser aus. Nur durch den Genuss von Obstsäften kommen die Kinder hier auf die empfohlenen Mengen.

### So helfen Sie Ihrem Kind

Machen Sie es sich zu Ihrem persönlichen Ziel, Ihr Kind dazu zu bringen, dass es gerne Obst und Gemüse isst – und dies täglich. Die beste Voraussetzung ist, selbst zum Gemüse-Fan zu werden, neue schmackhafte Zubereitungsweisen zu erlernen und damit die ganze Familie zu begeistern. Im Kapitel „Meine Lieblingsrezepte" (Seite 119) finden Sie tolle Gemüserezepte! Bieten Sie doch am Sonntag einmal ein leckeres Ratatouille (Seite 129) zu Mittag an und ergänzen Sie dies mit einem Obstsalat unter Quark (Seite 124) zum Nachtisch. Werfen Sie auch einen Blick in den Abschnitt „Machen Sie das Gemüse zum Star" (Seite 86). Hier finden Sie Tipps, wie Sie Ihrem Kind „Frischfutter" schmackhaft machen können.

## Lieber nicht zu viel Salz

Unser Körper braucht kleine Mengen Salz, um seinen Flüssigkeitshaushalt im Gleichgewicht zu halten und die Muskelaktivität zu unterstützen. Zu viel Salz ist jedoch ungesund. Ein Übermaß an Salz kann sogar gefährlich werden, da es zu Nierenproblemen und Bluthochdruck führen kann, was wiederum das Risiko für Herz-Kreislaufprobleme und Schlaganfälle erhöht. Auch Fettleibigkeit, bestimmte Krebsarten, Osteoporose sowie Asthma werden mit einem zu hohen Salzkonsum in Verbindung gebracht. Die meisten verarbeiteten Lebensmittel enthalten viel zu viel Salz, da Salz auch ein Konservierungsmittel sowie ein Geschmacksverbesserer ist. Auch Restaurantessen und Fertiggerichte enthalten oft viel mehr Salz, als wir in unserer eigenen Küche verwenden.

### Und so sieht der Alltag aus

Das renommierte Institute of Medicine (IOM) empfiehlt eine tägliche Salzzufuhr von 1 Gramm für Kleinkinder von 1 bis 3 Jahren und 1,2 Gramm für Kinder von 4 bis 8 Jahren. Das IOM hat festgestellt, dass 76 aller Kleinkinder und 90 Prozent aller Vorschulkinder diese empfohlenen Werte überschreiten.

### So helfen Sie Ihrem Kind

Die Lust auf Salziges wird erworben. Je mehr Salz ein Kind zu sich nimmt, desto mehr fühlt es sich von Salzigem angezogen. Wenn Sie also von Anfang an den Salzkonsum beschränken, wird Ihr Kind das Salz auch nicht vermissen. Ein Kind, das ständig zu viel Salz konsumiert, wird sich bei einer schrittweisen Salzreduzierung an geringere Mengen gewöhnen. Einen guten Geschmack erhält man auch mit kleinen Salzmengen. Wenn Sie also für Ihre Familie kochen, verringern Sie das Salz bzw. salzhaltige Gewürze nach und nach. Verwenden Sie stattdessen Kräuter sowie salzlose Gewürze.

Halten Sie beim Einkauf nach salzarmen bzw. salzlosen Varianten verarbeiteter Lebensmittel Ausschau. Bevorzugen Sie möglichst frische Lebensmittel und Zutaten.

Fragen Sie in Restaurants, ob Ihr Gericht auch mit weniger Salz zubereitet werden kann. Salzen Sie bei Tisch nicht nach. Bitten Sie darum, Soßen und Dressings separat zu servieren, und verwenden Sie diese nur sparsam. Bitten Sie, die Pommes frites für die Kinder ungesalzen zu servieren – die meisten Fast-Food-Restaurants werden dieser Bitte gerne nachkommen. Viele Restaurants in den USA bieten inzwischen neben der Speisekarte begleitende Erklärungen. Wenn Sie vor dem Bestellen einen Blick darauf werden, wird Ihnen dies Ihre Entscheidung vielleicht erleichtern. Fragen Sie auch hier nach.

Salz

# Manche Fette haben's in sich

In Lebensmitteln kommen unterschiedliche Typen von Fetten vor. Manche sind der Gesundheit zuträglich und werden von unserem Körper benötigt, bei anderen ist das Gegenteil der Fall. Diese Fette entstehen auf unterschiedliche Weise, und es ist sinnvoll, diese Unterschiede zu kennen.

Zur Energiegewinnung benötigt unser Körper bestimmte Fetttypen. Kinder sind ständig in Bewegung und brauchen deshalb viel Fette, die ungesättigte Fettsäuren enthalten. Solche Fette zählen zu den gesunden Fetttypen, die in Fisch, Nüssen, Saaten, Oliven, Avocado, Soja und Olivenöl vorkommen. Essenzielle Fettsäuren sind unverzichtbar für das gesunde Wachstum von Kindern. Sie spielen bei der Entwicklung des Gehirns und der Augenfunktion eine wichtige Rolle. Sie unterstützen die Zellentwicklung, stärken das Immun-, das Nerven- sowie das Herz-Kreislauf-System.

Fette mit gesättigten Fettsäuren (die natürlicherweise in tierischen Fetten wie rotem Fleisch, Butter, Milch und Eiscreme vorkommen) und Transfettsäuren (auch als „gehärtete Fette" bekannt) entstehen bei der Verarbeitung von Lebensmitteln. Diese beiden Fettsäurearten gelten als „schlechte Fette". Auch wenn natürliche gesättigte Fettsäuren weniger gesundheitsbedenklich als künstlich entstandene Transfettsäuren sind, können sie im Übermaß zu erhöhten Cholesterinwerten, Arterienverkalkung, Herzerkrankungen und erhöhtem Schlaganfallrisiko führen. Transfettsäuren schädigen die Zellmembran beispielsweise im Gehirn und im Nervensystem – was insbesondere für Kinder im Wachstum kritisch ist. Transfettsäuren und gesättigte Fettsäuren stören zudem die Verstoffwechselung ungesättigter, also gesunder Fettsäuren, die für das gesunde Wachstum von Kindern wichtig sind.

## Und so sieht der Alltag aus

Laut Empfehlungen sollte der tägliche Fettverzehr bei Kindern, die älter als zwei Jahre sind, nicht mehr als 30 bis 35 Prozent ihrer Kalorienzufuhr betragen, außerdem sollte es sich bei den verzehrten Fetten vorwiegend um ungesättigte Fette handeln. In Wahrheit nehmen die meisten Kinder zu viel gesättigte Fette zu sich und werden gleichzeitig über ihre tägliche Nahrung nicht mit ausreichend ungesättigten Fetten versorgt. Mit der schockierenden Zunahme von Fettleibigkeit bei Kindern, mit der wachsenden Beliebtheit von Fast-Food-Restaurants, angesichts der drohenden Gefahr von Diabetes und anderen gesundheitlichen Beeinträchtigungen, die bereits im Kindes- oder Jugendalter eintreten können, müssen wir genau im Auge behalten, wie viel und welche Art von Fetten unsere Kinder konsumieren.

## So helfen Sie Ihrem Kind

Wissen ist der erste Schritt zur Reduzierung gesättigter Fettsäuren und Transfettsäuren in der Ernährung Ihres Kindes. Lesen Sie deshalb aufmerksam die Packungsangaben und verschaffen Sie sich einen Überblick über den Fettgehalt der von Ihnen bevorzugten Lebensmittel. Schränken Sie möglicherweise Ihren Verbrauch von Butter, Vollmilchprodukten, verarbeiteten Lebensmitteln und rotem Fleisch ein. Fördern Sie stattdessen den Verzehr von Pflanzenölen, Magermilchprodukten, Fisch, Geflügel, magerem Fleisch und frischen vollwertigen Lebensmitteln. Verwöhnen Sie Ihr Kind mit einer Hühnerfrikassee (Seite 135) oder einer Curry-Fisch-Pfanne (Seite 136). Sie werden sehen, da können die kleinen Schleckermäuler nicht widerstehen.

## Unerwünschtes in Lebensmitteln

Wachstumshormone in Rindfleisch, mit Antibiotika versetzte Tiernahrung, Pestizide in Obst und Gemüse und chemische Zusatzstoffe in Fertigprodukten – künstlich veränderte, verarbeitete Nahrungsmittel mit vielen Schadstoffen überschwemmen unsere Supermärkte. Laut Angaben der Weltgesundheitsorganisation ist die Belastung von Lebensmitteln mit Chemikalien eine weltweite Gefahr für die öffentliche Gesundheit. Diese Belastung kann einer Verschmutzung der Luft, des Wassers oder des Bodens entspringen oder durch den bewussten Einsatz von Chemikalien während des Herstellungsprozesses, der Weiterverarbeitung oder der Verpackung verursacht sein. Studien zeigen, dass bestimmte Konzentrationen dieser Zusatzstoffe Gehirnzellen schädigen, das Krebsrisiko erhöhen und eine vorzeitige Pubertät der Kinder auslösen können. Kontrollbehörden wachen darüber, dass bestimmte Grenzwerte von Schadstoffen in Lebensmitteln nicht überschritten werden.

### Und so sieht der Alltag aus

Viele Tests, die die Unbedenklichkeit von Chemikalien in Lebensmitteln beweisen sollen, werden an Erwachsenen durchgeführt. Ob sich diese Standards auch auf Babys und Kinder beziehen, ist nicht immer klar. Klar ist jedoch, dass sich zahlreiche dieser Substanzen, wie Hormone, Antibiotika und Pestizide, im Blut und Urin von Kindern nachweisen lassen. Bislang liegen keine Untersuchungen über die Langzeitwirkungen dieser Substanzen vor. Bereits durchgeführte Studien haben nur beschränkte Aussagekraft, da es sich um toxische Chemikalien handelt, die nicht direkt an Menschen getestet werden können.

### So helfen Sie Ihrem Kind

Senken Sie die gesundheitlichen Gefahren, die von Lebensmitteln ausgehen können, indem Sie Lebensmittel bewusst einkaufen und zubereiten. Lesen Sie die Packungsangaben. Reinigen, kühlen, tiefkühlen und verarbeiten bzw. garen Sie Lebensmittel so, wie es auf der Packung angegeben wird. Waschen Sie alle frischen Produkte unter fließendem Wasser gründlich ab. Kaufen Sie möglichst hormonfreies Fleisch und Milchprodukte und bevorzugen Sie Bio-Produkte. Kaufen Sie auf Wochenmärkten ein, wo frische Produkte aus der Region angeboten werden. Bauen Sie Ihr eigenes Obst und Gemüse an, vielleicht in einem Schrebergarten. Die Lamm-Gemüse-Spieße (Seite 135) schmecken mit Zucchini aus dem eigenen Garten oder Kirschtomaten vom Balkon noch mal so gut. Machen Sie sich schlau in Sachen Ernährung und Zusatzstoffe und wählen Sie Geschäfte und Restaurants in dieser Hinsicht bewusst aus.

## Aus dicken Kindern werden dicke Erwachsene

Übergewicht ist ein Risikofaktor für zahlreiche gesundheitliche Probleme wie Herzerkrankungen, Diabetes, Schlaganfall, Arthrose, Bluthochdruck, Lebererkrankungen und bestimmte Krebsarten. Wir sprechen hier wohlgemerkt nicht von den Speckröllchen wohlgenährter Stillbabys, sondern von Kinder, die aufgrund ungesunder Ernährung übergewichtig sind.

Übergewicht bei Kindern ist ein ernstes Problem, das zu gesundheitlichen Schwierigkeiten führen kann. Außerdem wirkt es sich nicht selten auch auf die Psyche der Kinder aus, die unter mangelndem Selbstwertgefühl leiden, das wiederum Depressionen, soziale Schwierigkeiten und Schulprobleme nach sich ziehen kann.

Mayo Foundation for Medical Education and Research (MFMER), Mayo Clinic

» Body-Mass-Index

Nicht alle Kinder, die ein paar Pfund mehr auf die Waage bringen, sind übergewichtig oder fettleibig. Ein Kinderarzt bzw. ein Ernährungsexperte kann Eltern sagen, ob das Gewicht ihrer Kinder gesundheitlich problematisch ist oder nicht. Dazu wird der Fachmann den Body-Mass-Index (BMI) des Kindes errechnen. Dieser Index sagt aus, ob sich das Gewicht eines Menschen in Relation zum Alter und zur Körpergröße in einem normalen Rahmen bewegt.«

## Und so sieht der Alltag aus

Nach Angaben der Weltgesundheitsorganisation litten im Jahr 2010 fast 43 Million Kinder unter fünf Jahren an Übergewicht, 20 bis 40 Prozent aller Kinder waren übergewichtig oder fettleibig und weitere 25 Prozent liefen Gefahr, übergewichtig zu werden, wenn sie ihre gegenwärtigen Essgewohnheiten fortsetzen. Diese Prozentsätze variieren zwar geografisch, dennoch ist Übergewicht bei Kindern ein weltweites Problem. Auch in Deutschland leiden bereits 12 Prozent der Kinder an Übergewicht bis hin zur Fettleibigkeit. Vom US-amerikanischen Gesundheitsministerium durchgeführte Studien zeigen sogar, dass sich die Fettleibigkeit bei amerikanischen Kindern seit 1980 mehr als verdreifacht und seit 1970 vervierfacht hat – Tendenz steigend. Experten warnen, dass die Kinder von heute die „erste Generation sein könnte, die ein kürzeres, ungesünderes Leben als ihre Eltern erwartet“.

## So helfen Sie Ihrem Kind

Kinder tun das, was man ihnen vorlebt – und das gilt besonders für die Essgewohnheiten. Sprechen Sie mit Ihrem Kind über die unterschiedlichen Lebensmittel, darüber, ob sie gesund sind oder nicht, und helfen Sie Ihrem auf diese Weise, die richtigen Entscheidungen zu treffen. Aber halten Sie Ihrem Kind keine langweiligen Vorträge, sondern lassen Sie diese Informationen „ganz nebenbei“ in Ihren Alltag einfließen. Erklären Sie Ihrem Kind, warum es keine Kekse zum Mittagsessen gibt, sondern die gesunde Mahlzeit, die Sie frisch zubereitet haben. Setzen Sie Essen weder als Strafe noch als Belohnung ein und vermeiden Sie innerfamiliäre Kämpfe ums Essen. Machen Sie die Mahlzeiten im Familienkreis zu einer positiven, angenehmen Erfahrung. Kaufen Sie gesunde Sachen ein, verzichten Sie möglichst auf Junkfood und servieren Sie ausgewogene Mahlzeiten. Sorgen Sie dafür, dass auch Sie selbst sich gesund und ausgewogen ernähren – Ihr eigenes Handeln hat mehr Gewicht als Worte.

## Im Kreis der Familie schmeckt es am besten

Untersuchungen zeigen, dass sich Mahlzeiten im Kreis der Familie positiv auf die Gesundheit der Kinder auswirken. Kinder, die gemeinsam mit ihren Eltern essen, entwickeln gesündere Essgewohnheiten, neigen später weniger zu Alkohol-, Tabak- und Drogenkonsum, sind bessere Schüler, leiden seltener an Depressionen und bleiben der Familie emotional enger verbunden.

### Und so sieht der Alltag aus

Doch in vielen Familien sind regelmäßige gemeinsame Mahlzeiten eher auf das Wochenende beschränkt. Am Wochenende schaffen es immerhin 80 Prozent Frühstück, Mittagessen und Abendbrot gemeinsam einzunehmen. Doch unter der Woche beginnen nur knapp 40 Prozent den Tag mit einem gemeinsamen Frühstück, zum Mittagessen setzen sich nur rund 23 Prozent in fröhlicher Runde an den Tisch, zum Abendessen treffen sich immerhin rund 80 Prozent wieder.

Auch wenn viele Familien nicht oft gemeinsam essen, wünschen sich die Kinder dies! Eine sehr interessante Studie des National Center on Addiction and Substance Abuse der Columbia Universität aus dem Jahr 2010 zeigt, dass 72 Prozent aller Teenager regelmäßige Mahlzeiten im Familienkreis für wichtig halten.

### So helfen Sie Ihrem Kind

Jede gemeinsame Mahlzeit ist wichtig – versuchen Sie, so viele Mahlzeiten wie möglich im Familienkreis einzunehmen. Lassen Sie sich nicht entmutigen, wenn es nicht jeden Tag klappt, sondern suchen Sie nach anderen Wegen täglicher Gemeinsamkeiten. Wenn das Abendessen mit der ganzen Familien aufgrund hektischer Terminpläne oder anderer Verpflichtungen nicht immer möglich ist, versuchen Sie zumindest, möglichst viele Familienmitglieder am Tisch zu versammeln oder machen Sie das Frühstück oder das Mittagessen zur Familienmahlzeit, wenn es besser in Ihren Tagesablauf passt. Ist eine Familienmahlzeit pro Tag nicht möglich, führen Sie vielleicht eine kleine Plauderstunde vor dem Zubettgehen ein, um den familiären Zusammenhalt und die Kommunikation innerhalb der Familie zu fördern.

## Süße Limonaden lieber stehen lassen

Experten bezeichnen gesüßte Limonaden als „flüssige Bonbons“. Warum, liegt auf der Hand: Diese Limonaden besitzen keinerlei Nährwert, eine Dose (350 ml Inhalt) enthält neun bis zwölf Teelöffel Zucker und eine Flasche mit 600 ml Inhalt sogar 16 bis 18 Teelöffel. Machen Sie sich das einmal klar, indem Sie 18 Teelöffel Zucker abmessen und in eine Schüssel geben – das ist die Menge, die in einer Flasche Limonade steckt!

Zuviel Zucker ist nur ein Punkt. Ein weiterer Punkt ist, dass Ihr Kind keine gesunden Getränke zu sich nimmt, wenn es süße Limonade trinkt. Die tägliche Limonade kann den Knochen Kalzium entziehen und die Gefahr von Kochenbrüchen und späterer Osteoporose erhöhen. Regelmäßiger Limonadenkonsum erhöht das Risiko einer Diabetes- und/oder Nierenerkrankung. Limonaden enthalten Säure, die den Zahnschmelz angreift und schwächt, was zu Karies führen kann.

Laura A. Jana, M.D., FAAP, Associate Director, Boys Town Institute für gesunde Kinderentwicklung

» Softdrinks meiden

Nur ein Softdrink pro Tag erhöht das Risiko des Kindes, Übergewicht zu kommen, um 60 Prozent.«

### Und so sieht der Alltag aus

Das Center for Science in the Public Interest, eine Verbraucherorganisation mit Sitz in Washington, stellte fest, dass 20 Prozent aller amerikanischen Kleinkinder täglich ein Glas Limonade trinken. Die Forscher fanden außerdem heraus, dass 56 Prozent der achtjährigen Kinder täglich Limonade trinken und dass dieser Prozentsatz mit steigendem Alter wächst. Bei Zehnjährigen sind es schon 83 Prozent, die Tag für Tag zuckerhaltige Limonaden trinken. Sie beziehen elf Prozent ihrer täglichen Kalorienmenge aus diesen ungesunden, nicht nahrhaften Getränken. Ein Drittel allen männlichen Jugendlichen trinkt drei oder mehr Dosen Softdrinks pro Tag – so kommen wöchentlich 189 bis 252 Teelöffel Zucker zusammen! Viele amerikanischen Jugendlichen trinken koffeinhaltige Limonaden – was neben der „Zuckerabhängigkeit“ zu Koffeinabhängigkeit führt. Laut dem US-amerikanischen Landwirtschaftsministerium hat der Softdrink-Konsum in den vergangenen 50 Jahren um 500 Prozent zugenommen – soweit die erschreckenden amerikanischen Zahlen. In Deutschland sind die Verhältnisse sicher noch nicht so dramatisch. Aber auch hier steigt der Limonadenkonsum deutlich an. So wurden im Jahr 2002 etwa 25 Liter Limonade pro Person getrunken, im Jahr 2011 waren es schon 37 Liter.

### So helfen Sie Ihrem Kind

Die Lösung ist in der Theorie ganz einfach, erfordert aber in der Praxis Eltern mit starkem Durchhaltevermögen: Beschränken Sie Limonaden auf besondere Anlässe wie etwa die Geburtstagsfeier. Verbannen Sie Softdrinks komplett aus Ihrem Haushalt, denn: Aus den Augen, aus dem Sinn. Geben Sie Ihrem Kind Wasser, ungesüßten Tee, Gemüsesäfte und kleine Mengen verdünnten Obstsaft zu trinken.

## Ein guter Start in den Tag

Wenn Ihr Kind frühstückt, war es zuvor zwölf bis 18 Stunden ohne Nahrung. Verlängert sich die Esspause darüber hinaus, kann sich dies negativ auf das Gehirn und den Körper des Kindes auswirken, das schließlich gerade im Wachstum steckt. Kindern, die frühstücken, nehmen mehr Vitamine, Mineral- und Ballaststoffe zu sich als solche, die das Frühstück ausfallen lassen. Sie haben mehr Energie, leiden weniger unter Verhaltensstörungen, Müdigkeit und Konzentrationsschwäche. Sie bekommen bessere Noten, haben weniger Schulfehltage, wiederholen seltener eine Klasse, leiden weniger häufig unter Übergewicht, ernähren sich auch den restlichen Tag über gesünder und weisen einen gesünderen Allgemeinzustand auf.

LIM

### Und so sieht der Alltag aus

Dutzende Studien aus unterschiedlichsten Ländern zeigen, dass 15 Prozent aller Kleinkinder regelmäßig das Frühstück auslassen und 40 Prozent aller Kinder manchmal ohne Frühstück in den Tag starten. Mit zehn Jahren lässt rund ein Drittel aller Kinder regelmäßig diese wichtige Mahlzeit aus. Diese Zahlen variieren zwar nach geografischer Herkunft, nach demografischem und sozioökonomischem Status, doch jedes Kind, das den Tag ohne Frühstück beginnt, ist ein Kind zu viel – ganz zu schweigen von diesen erschreckend großen Zahlen.

### So helfen Sie Ihrem Kind

Machen Sie das Frühstück in Ihrer Familie zum Ritual. Gestalten Sie eine gesunde Mahlzeit, die mindestens zwei oder drei der wichtigen Nahrungsgruppen abdeckt, aber denken Sie immer daran, dass jedes Frühstück besser ist als gar keines. Mit dem Frischkornmüsli mit Apfel (Seite 120) geben Sie Ihrem Kind gleich eine Getreide-, eine Milch- und eine Obstportion mit in den Tag – perfekt! Im Kapitel „Gutes Essen macht gute Laune (Seite 28) finden Sie viele Ideen und Anregungen, wie Sie Ihrem Kind das tägliche Frühstück schmackhaft machen können, selbst wenn es ein Morgenmuffel ist!

## Ihr Kind macht Ihnen alles nach

Ein Großteil dessen, was ein Kind über Ernährung, Mahlzeiten und Essverhalten lernt, lernt es durch die fortwährende Kommunikation mit seinen Eltern. Manches lernt das Kind auch in der Schule, aber dieser Anteil ist in der Regel eher gering. Natürlich geben Klassenkameraden häufig ein schlechtes Vorbild ab. Hinzu kommt das oft ungesunde Angebot in Schulkantinen. Den größten Einfluss in Sachen Ernährung und Essverhalten haben aber zweifelsohne die erwachsenen Bezugspersonen. Ihr Beispiel ist entscheidend. Kinder sind äußerst aufnahmebereit. Sie sehen und verinnerlichen weitaus mehr, als uns Erwachsenen bewusst ist.

### Und so sieht der Alltag aus

Viele Eltern sind in Sachen Ernährung keine leuchtenden Vorbilder. Laut der nationalen Verzehrsstudie II nehmen nur 13 Prozent aller Erwachsenen die von der Deutschen Gesellschaft für Ernährung empfohlene tägliche Menge von 400 g Gemüse zu sich, nur 40 Prozent die empfohlenen 250 g Obst. Und unglaubliche 35 bis 40 Prozent aller Erwachsenen lassen Tag für Tag das Frühstück aus.

Laut OECD leiden in Deutschland etwa 15 Prozent aller Erwachsenen unter Übergewicht, in den USA sind es sogar mehr als ein 30 Prozent. Die Erwachsenen, die den Kindern eigentlich den richtigen Weg aufzeigen sollten, ernähren sich selbst nicht gesund und ausgewogen.

### So helfen Sie Ihrem Kind

Um Ihren Kindern ein vernünftiges Essverhalten beizubringen – die Grundlage für ein gesundes Leben –, müssen Sie selbst mit gutem Beispiel vorangehen. Wenn Sie selbst Ihre grünen Bohnen nicht aufessen, müssen Sie sich nicht wundern, wenn auch Ihr Kind sie verschmäht. Achten Sie darauf, ein gutes Vorbild abzugeben. Es geht darum, heute bei Ihrem Kind den Grundstein für eine lebenslange gesunde Ernährung zu legen – bei jeder Mahlzeit.

für Ihre Pinnwand in der
Küche
Gutes Essen macht gute Laune
Zu viel Zucker schafft Probleme
Vollkorn macht stark
Obst und Gemüse stecken voller Wunder
Lieber nicht zu viel Salz
Manche Fette haben's in sich
Unerwünschtes in Lebensmitteln
Aus dicken Kindern werden dicke Erwachsene
Im Kreis der Familie schmeckt es am besten
Süße Limonaden lieber stehen lassen
Ein guter Start in den Tag
Ihr Kind macht Ihnen alles nach

Vollkorn

# Handwerkszeug für gute Esser

**Bei guten Vorbildern, in einer geordneten Umgebung und bei angemessenen Portionsgrößen fällt es Kindern viel leichter, sich gesund zu ernähren. Sicher kennen Sie auch eine Reihe von Spielregeln beim Essen. Hier erfahren Sie, welche davon sinnvoll sind und welche Sie eher außer Acht lassen können.**

# Drei Fragen auf dem Weg zum guten Esser

**Kinder sind eigenständige Persönlichkeiten. Ganz unabhängig von ihren Eltern haben sie eine eigene Meinung und bestimmen ihr Handeln selbst. Selbst wenn sie noch nicht einmal laufen und sprechen können, besitzen sie einen eigenen Willen. So sehr wir uns auch bemühen (und das tun wir mit allen Kräften) – wir können unser Kind nicht zum Essen zwingen.**

Bei fünf bis sechs Mahlzeiten pro Tag kann es zu erheblichem familiären Stress führen, das Kind dazu zu bewegen, zu einem bestimmten Zeitpunkt etwas Bestimmtes zu essen. Also sollten Sie zu allererst begreifen, dass es nicht Ihre Aufgabe ist, Ihr Kind zum Essen zu zwingen, sondern ihm zu den Mahlzeiten eine Auswahl gesunder Optionen zu bieten.

## Wie ist Ihre eigene Einstellung zum Essen?

Ihre eigene Einstellung zu Ernährung und Mahlzeiten ist entscheidend für die zukünftige Prägung Ihres Kindes. Auch wenn es Ihnen nicht so vorkommt, beobachtet Ihr Kind Sie in jeder Sekunde und übernimmt Ihre Einstellung. So betrachtet, überraschen jene Studien nicht, die zeigen, dass Eltern, die kein Gemüse mögen, Kinder haben, die ebenfalls kein Gemüse mögen. Es liegt auf der Hand, dass solche Eltern kein oder nur wenig Gemüse servieren – und wenn sie es servieren, werden sie es dem Kind nicht gerade schmackhaft machen können.

In einer Studie fanden Wissenschaftler folgendes heraus: Je mehr man einem Kind mit Worten die Vorzüge von Gemüse preist, desto stärker geht das Kind davon aus, dass dieses Gemüse schlecht schmeckt und desto vehementer wird es sich weigern, dieses Gemüse zu probieren. Dies zeigt, dass Kinder schnell merken, wenn die Eltern versuchen, ihnen etwas zu „verkaufen", woran sie selbst nicht glauben. Umgekehrt zeigen mehrere an der George Warren Brown School of Social Work und dem Nursing College der Michigan State University durchgeführte Studien, dass Kinder mehr Obst und Gemüse essen, wenn ihre Eltern dies ebenfalls tun.

Was lernen wir daraus? Noch bevor Sie versuchen, das schwierige Essverhalten Ihres Kindes zu verändern, sollten Sie Ihre eigene Einstellung zu Ernährung und Essen unter die Lupe nehmen:

- Ernähren Sie sich wirklich gesund und ausgewogen?
- Besuchen Sie selbst gerne Fast-Food-Restaurants?
- Genießen Sie den täglichen Verzehr von Gemüse und Vollkornprodukten?
- Achten Sie schon beim Einkauf bewusst darauf, gesunde Lebensmittel auszuwählen und Süßes sowie Junkfood auf ein Minimum zu beschränken?

Wenn Ihnen bewusst ist, wie sehr Ihr eigenes Handeln das zukünftige Handeln und Leben Ihres Kindes beeinflusst, können Sie Ihr eigenes Verhalten verändern, sodass es Ihrem Kind als gutes Beispiel dient. Der positive Nebeneffekt: Auch Ihr Leben wird dadurch gesünder.

*wichtig*

**Die Einstellung überträgt sich. Sorgen Sie also dafür, dass sich in Ihrer Einstellung die Liebe zu gesunder Ernährung, zu kluger Auswahl der Nahrungsmittel und zum Essvergnügen widerspiegelt.**

## Wie sieht's in Ihrer Küche aus?

In einer typischen Familienküche finden sich gute, gesunde Lebensmittel, aber auch Snacks, Süßes und weniger Gesundes. Ein Erwachsener ist in der Lage, aus diesem Angebot eine vernünftige Auswahl zu treffen: viel Gesundes und ausnahmsweise auch mal ein Fertiggericht oder etwas Süßes. Natürlich treffen auch Erwachsene mal eine falsche Entscheidung, aber sie bemühen sich zumindest, gesunden Lebensmitteln den Vorzug gegenüber dem schnellen Griff nach Ungesundem zu geben – doch dieses Thema würde ein eigenes Buch füllen.

Kinder hingegen besitzen dieses Wissen noch nicht. Sie erliegen natürlicherweise der Versuchung des Ungesunden, und zwar ohne Gewissensbisse. Kinder picken das heraus, worauf sie gerade Lust haben.

*wichtig*

**Ihr Kind wird sich natürlich für die wohlschmeckendsten Dinge entscheiden, die es sieht – sorgen Sie dafür, dass es seine Wahl zwischen verschiedenen Lebensmitteln treffen kann, die gesund und lecker sind.**

Wie können Sie Ihrem Kind helfen, die richtigen Entscheidungen zu treffen? Der wirksamste Weg besteht darin, die gesunden Lebensmittel so zu platzieren, dass sie Ihrem Kind sofort ins Auge fallen. Süßes und Fertignahrung stellen Sie ganz nach oben oder verstauen es in verschlossenen, undurchsichtigen Behältern. Aus diesem Vorrat können Sie schöpfen, wenn es Ihnen sinnvoll erscheint.

Kristina, Mutter der vierjährigen Zwillinge Dylan und Leah

### » Ab nach oben

Ständig bettelten unsere Kinder nach Keksen und Chips – dieser tägliche Kampf frustrierte mich schrecklich. Als ich auf Elizabeth Pantleys Rat hin meine Vorratsregale in Augenschein nahm, musste ich feststellen, dass all dies in Augenhöhe der Kinder verstaut war. Daraufhin verbannte ich Kekse & Co, ganz nach oben, wo die Kinder es nicht mehr sahen – und plötzlich war Schluss mit dem Betteln. Aus den Augen, aus dem Sinn.«

### Lebensmittelmengen der optimierten Mischkost

| Alter | 1 Jahr | Beispiele für 1-Jährige |
|---|---|---|
| Energie | 950 kcal / Tag | |
| Reichlich! | | |
| Brot oder Getreide (flocken) | 80 g / Tag | 2–3 Scheiben (kinderhandgroß) oder 12 Esslöffel |
| Kartoffeln[2] | 120 g / Tag | 2 kleine Kartoffeln |
| Gemüse | 120 g / Tag | 1 mittelgroße Möhre |
| Obst | 120 g / Tag | 1 mittelgroßer Apfel |
| Wasser | 600 ml / Tag | 5–6 kleine Gläser |
| Mäßig! | | |
| Milch[3] | 300 ml / Tag | 2 Tassen |
| Fleisch, Wurst | 30 g / Tag | Schnitzel (kinderhandgroß) |
| Eier | 1–2 Stück / Woche | |
| Fisch | 25 g / Woche | Fischfilet (kinderhandgroß) |
| Sparsam! | | |
| Öl, Butter, Margarine | 15 g / Tag | 3 Teelöffel |
| Süßes – geduldet! | | |
| in Energie | 100 kcal / Tag | |
| am Beispiel Butterkeks | 20 g | 4 Stück |

*[1] Empfehlungen optimix, Forschungsinstitut für Kinderernährung*
*[2] Reis oder Nudeln in gekochter Menge identisch*
*[3] anstelle von Milch ist auch Joghurt, Buttermilch oder Käse (200 ml Milch = 30 g Schnittkäse oder 60 g Weichkäse) möglich*

| **2–3 Jahre** | **Beispiele für 2–3-Jährige** | **4–6 Jahre** | **Beispiele für 4–6-Jährige** |
|---|---|---|---|
| 1100 kcal / Tag | | 1450 kcal / Tag | |
| | | | |
| 120 g / Tag | 2–3 Scheiben (kinderhandgroß) oder 16 Esslöffel | 170 g / Tag | 2–3 Scheiben oder 20 Esslöffel |
| 150 g / Tag | 1 kleine und 1 mittelgroße Kartoffel | 180 g / Tag | 2 mittelgroße Kartoffeln |
| 150 g / Tag | 1 mittelgroße Möhre + 2 Cocktailtomaten | 200 g / Tag | 1 Paprikaschote |
| 140 g / Tag | 1 kleiner Apfel + ½ kleine Banane | 200 g / Tag | 1 kleiner Apfel + 1 kleine Banane |
| 700 ml / Tag | 6–7 kleine Gläser | 800 ml / Tag | 7–8 kleine Gläser |
| | | | |
| 330 ml / Tag | 2 Tassen | 350 ml / Tag | 2 Tassen |
| 35 g /Tag | Schnitzel (kinderhandgroß) | 40 g / Tag | Schnitzel (kinderhandgroß) |
| 1–2 Stück / Woche | | 2 Stück / Woche | |
| 35 g / Woche | Fischfilet (kinderhandgroß) | 50 g / Woche | Fischfilet (kinderhandgroß) |
| | | | |
| 20 g / Tag | 4 Teelöffel | 25 g / Tag | 5 Teelöffel |
| | | | |
| 110 kcal / Tag | | 150 kcal / Tag | |
| 20 g | 4 Stück | 30 g | 6 Stück |
| | | | |

## Wie groß ist eine angemessene Portion?

Im 1. Kapitel „Ernährung zwischen Wunsch und Wirklichkeit“ habe ich Ihnen bereits erklärt, wie wichtig gesunde Ernährung ist und Ihnen hoffentlich nützliche Anregungen gegeben, wie Sie den Speiseplan Ihres Kindes erweitern können.

Da Sie nun um die große Bedeutung gesunder Ernährung für Ihr Kind wissen, kommen bei Ihnen möglicherweise neue Sorgen auf. Isst mein Kind auch genug? Oder besteht eine Mahlzeit bei meinem Kind nur aus ein paar Löffeln Reis und drei, vier grünen Bohnen? Lässt mein Kind oft den halb vollen Teller stehen? Sie fragen sich täglich, woraus Ihr Kind seine schier unendliche Energie schöpft – angesichts der Spatzenportionen?

Wenn Sie nach Ideen suchen, wie Sie Ihr Kind dazu bringen können, mehr zu essen, sollten Sie zuerst feststellen, wie viel Ihr Kind täglich zu sich nimmt. Es gibt keine exakte Mengenangabe, die für jedes Kind gilt. Die benötigte Nahrungsmenge hängt von der Größe des Kindes, von seinem Energieverbrauch und vielen weiteren Faktoren ab. Wir können den Tagesbedarf von Kindern eines bestimmten Alters aber immerhin annäherungsweise angeben.

Der erste Teil Ihrer Aufgabe besteht also darin herauszufinden, ob Ihr Kind tatsächlich mehr essen sollte oder ob Sie die tägliche Zusammenstellung sowie die Mengen der einzelnen Nahrungsmittelgruppen verändern müssen. Es passiert oft, dass Eltern die Portionen falsch einschätzen und meinen, ihre Kinder müssten mehr essen. Was wir selbst als Mini-Portion betrachten, ist für ein Kleinkind schon eine ordentliche Menge. Der Magen eines Kindes ist etwa so groß wie seine geballte Faust. Betrachten Sie also einmal die geballte Faust Ihres Kindes – sie ist sicher viel kleiner, als Sie dachten, stimmt's? Die Berücksichtigung kindgerechter Portionen ist sehr wichtig, um es um die gesunde Ernährung Ihres Kindes geht.

Ein zweijähriges Kleinkind benötigt 150 g Gemüse, 120 g Getreide und 35 g Esslöffel Fleisch – pro Tag wohlgemerkt, nicht pro Mahlzeit! Diese Mengen werden also auf alle Mahlzeiten und Zwischenmahlzeiten eines Tages verteilt. Das bedeutet, dass die Gemüsemenge für eine Hauptmahlzeit 50 g beträgt. Ihnen mag diese Menge rein optisch sehr klein erscheinen, aber für Ihr Kleinkind ist es viel!

### Typische Tagesrationen und Portionsgrößen

Die vorangegangene Übersicht dient der allgemeinen Orientierung. Sie gibt die durchschnittlichen Tagesrationen und Portionsgrößen an, die jedoch je nach Größe des Kindes, je nach Aktivitätslevel, aktuellem Wachstum und Appetit und in Abhängigkeit von den anderen Haupt- und Zwischenmahlzeiten des Kindes individuell angepasst werden müssen. Die angegebenen Mengen sind nur eine grobe Richtschnur – manche Kinder essen mehr oder weniger. Die entscheidenden Faktoren für die Nahrungsmengen und die Zusammensetzung der Nahrung sind die Gesundheit eines Kindes, seine Aktivität und sein Wachstum. Wenn Sie Ihr Kind noch stillen, wird die Muttermilch einen Teil der Kalorien stellen. Im Kapitel „Meine Lieblingsrezepte (Seite 119) finden Sie eine Menge Rezepte für die ganze Familie. Hier sind auch immer die Mengen für die Kinderportionen mitangegeben.

Kontrollieren Sie auf der Basis der empfohlenen Tagesmengen und Portionsgrößen, wie viel Ihr Kind zu sich nimmt.

# Infrage gestellt: Die Spielregeln beim Essen

**Wenn Sie schon viel über Ernährung gelesen haben, haben Sie bereits allzu viele „Sie sollten dies und das“ und „Sie sollten dies und das nicht“ gehört. Die Fülle von Empfehlungen und Regeln ist schier überwältigend. Ich habe die verbreitetsten Empfehlungen unter die Lupe genommen und mir Gedanken darüber gemacht, ob man sie eher einhalten sollte oder auch anders handeln kann.**

## Das gemeinsame Abendessen als tägliche Routine

**Meine Meinung: Befolgen Sie diesen Rat!**
Warum? Ihre Kinder werden im Familienkreis gesünder essen. Sie haben ein geringeres Risiko, später alkohol- oder drogenabhängig zu werden und bauen während ihrer Kindheit eine stärkere emotionale Bindung zu ihrer Familie auf, die auch in späteren Jahren anhält.

**Mein Tipp**
Familienmahlzeiten müssen weder formell noch strukturiert oder kompliziert sein. Wenn sich die Familie in lockerer Runde um den Tisch versammelt, belegte Brote isst und dabei über Gott und die Welt plaudert, ist dies ebenso wertvoll wie ein Vier-Gänge-Menü an einer vornehm gedeckten Tafel.

Der Schlüssel zum Erfolg von Familienmahlzeiten ist die Regelmäßigkeit: vier- bis fünfmal pro Woche oder öfter. Seltene Familienmahlzeiten sind eher verkrampft, gezwungen oder mit Erwartungen überfrachtet. Je öfter Sie in der Familie zusammen essen, desto lockerer und heiterer ist die Atmosphäre und desto größer der Nutzen. Sich um einen Tisch herum zu versammeln ist eine familiäre Angelegenheit – und Ihre Kinder werden ganz ungezwungen erzählen, was in ihrem Leben (und ihren Köpfen) gerade so passiert. In einer zwanglosen Atmosphäre werden Ihre Kinder am Familientisch nicht nur gesundes Essverhalten sondern auch gesunde soziale Werte mitbekommen.

wichtig

**Vier Dinge haben am Esstisch nichts zu suchen: Bücher oder Zeitschriften, Maßregelungen, starre Erwartungen und komplizierte Gesprächsthemen.**

## Mahlzeiten zu festen Uhrzeiten

**Meine Meinung: Hier dürfen Sie freier entscheiden!**
Warum? Mahlzeiten zu starren Uhrzeiten lehren das Kind, seine Körpersignale zu ignorieren.

**Mein Tipp**
Die Mahlzeiten sollten vielmehr einem festen, aber flexiblen Plan folgen. Das Frühstück findet demnach „nach dem Aufstehen und Anziehen“ statt, das Mittagessen „um die Mittags-

zeit herum“ und das Abendessen, wenn Mama „von der Arbeit kommt“. Es ist aber auch in Ordnung, wenn Ihr Kind zur Essenszeit mal keinen Hunger hat. Sie sollten dies nicht als Missachtung Ihrer Kochkünste verstehen, sondern sich vielmehr darüber freuen, dass Ihr Kind die Signale seines Körpers versteht.

Zahlreiche Faktoren wirken sich auf den Appetit Ihres Kindes aus – aber die Uhrzeit gehört nicht dazu. Der Hunger bestimmt sich danach, wie lange die letzte Mahlzeit her ist, wie aktiv das Kind seitdem war, welche Nahrung und welche Getränke es zuletzt zu sich genommen hat, wie sich sein Blutzuckerspiegel, seine Hormone und seine inneren Rhythmen verhalten.

Wichtiger als ein rigider Zeitplan ist, dem Kind beizubringen, die Signale seines Körpers zu verstehen, sodass es entsprechend seinen körperlichen Bedürfnissen essen und trinken kann. Lassen Sie nährstoffarme, den Appetit verderbende Zwischenmahlzeiten eher weg und bieten Sie Ihrem Kind statt dessen lieber nährstoffreiche Überbleibsel der letzten Mahlzeit an, wenn es Hunger hat.

## Jeden Tag ein Apfel

**Meine Meinung: Befolgen Sie diesen Rat!**
Warum? „An apple a day keeps the doctor away“ – dieser Spruch trifft wirklich zu.

**Mein Tipp**
Äpfel sind lassen sich leicht überall essen, sie sind reich an Nährstoffen, Antioxidantien und Ballaststoffen. Wenn Ihr Kind täglich Apfel isst, fördert dies den Aufbau starker Knochen, sorgt für ein gesundes Herz, reduziert das „schlechte Cholesterin“, beugt Diabetes vor und senkt das Asthma- und Krebsrisiko. Und außerdem sorgen Äpfel für frischen Atem und weiße Zähne!

Ein Apfel pro Tag ist optimal, aber selbst drei Portionen Apfel pro Woche bringen noch einen Nutzen. Unbehandelte Bio-Äpfel sind die besten. Gewürfelte, unter andere Gerichte gemischte Äpfel, Apfelmus, naturtrüber Apfelsaft und selbst ein Apfelauflauf (mit wenig Zucker) bringen Ihr Kind in den Genuss dieses Obstes. Mit den leckeren Quark-Muffins (Seite 122) oder im Milchreis mit Apfelstückchen (Seite 123) überzeugen Sie jedes Kind.

## Essen, bis man satt ist

### Meine Meinung: Hier sollten Sie freier entscheiden!

Warum? Wenn Ihr Kind realisiert, dass es satt ist, war es wahrscheinlich schon einige Bissen zuvor satt. Das Sättigungsgefühl tritt meist etwas verzögert ein oder wird von äußeren Einflüssen überlagert.

### Mein Tipp

Das Sättigungsgefühl ist keine spontan auftretende Empfindung, sondern baut sich während des Essens nach und nach auf. Externe Signale, zum Beispiel wie gut das Essen schmeckt, wie schnell wir essen und Ablenkungen während des Essens können das Sättigungsgefühl stören. In einer an der New Mexico State University durchgeführten Studie wurden Kinder gefragt, woher sie wissen, dass sie satt sind. Die häufigste Antwort: Wenn der Teller leer ist. Dieses äußere Signal ist kein guter Ratgeber!

Wenn Sie den Verdacht haben, dass Ihr Kind die Signale seines Körpers nicht wahrnimmt, können Sie ihm helfen. Geben Sie ihm kleinere Portionen und wenn es mehr möchte, stellen Sie ihm hilfreiche Fragen wie: „Hast Du noch Hunger, oder hat es Dir so gut geschmeckt?" Außerdem sollten Sie prinzipiell zehn bis 15 Minuten warten, bevor Sie einen Nachschlag oder das Dessert aufgeben. Dann erst weiß Ihr Kind, ob es wirklich noch Hunger hat. Denn das Sättigungsgefühl stellt sich verzögert ein.

Brian Wansink, Ph.D., Autor von Mindless Eating: Why We Eat More Than We Think

### » Hören Sie auf die Signale

Äußere Einflüsse spielen beim Essverhalten eine größere Rolle als der Hunger, den jemand tatsächlich verspürt. Da uns die meisten äußeren Einflüsse das Signal »Iss, iss, iss« geben – von der TV-Werbung bis hin zu unseren besten Freunden –, fällt es vielen Menschen schwer, auf die Signale ihres Körpers zu hören.«

## Iss Deinen Teller leer!

### Meine Meinung: Hier sollten Sie freier entscheiden!

Warum? Säuglinge kommen mit einer angeborenen Appetitkontrolle auf die Welt. Sie essen, wenn sie hungrig sind, und beenden die Mahlzeit, wenn sie satt sind. Im Kleinkindalter essen sie bereits aus anderen Gründen als bloßem Hunger:

- weil das Essen gut schmeckt,
- weil es appetitlich aussieht,
- weil die anderen essen,
- weil Mittagszeit ist und schließlich
- weil Mama oder Papa sagen, dass nun gegessen wird.

Das Problem ist, dass das Kind angesichts all dieser Zwänge die Fähigkeit verliert, seine Körpersignale wahrzunehmen, und nur aufgrund äußerer Einflüsse Nahrung zu sich nimmt. Brian Wansink, Ph.D. und Direktor des international anerkannten Cornell University Food and Brand Lab hat eine höchst interessante Studie durchgeführt, die zeigt, wie gefährlich es ist, das angeborene Appetitkontrollsystem auszuschalten. Er baute einen Suppenteller, der sich selbst wieder auffüllt, in dem Maße, in dem die Testpersonen ihn leeren. Die Testpersonen in der Vergleichsgruppe, die aus normalen Suppentellern aßen, nahmen Portionen von knapp 300 ml zu sich. Die ahnungslosen Probanden, die aus dem sich selbst nachfüllenden Teller aßen, aßen mindestens 50 Prozent mehr (zwischen 450 ml und mehr als 1 l). Dr. Wansink nennt dies „gedankenloses Essen" – und genau das wollen wir bei unseren Kindern verhindern.

wichtig

**Das Motto „Iss Deinen Teller leer" sollte ein für allemal aus dem Familienalltag verbannt werden!**

Nicht genug damit, dass viele Eltern die natürliche Appetitkontrolle ihrer Kinder außer Gefecht setzen. Sie schätzen auch die Portionen, die ihr Kind vertilgen kann, komplett falsch ein und geben dem Kind fast Erwachsenenportionen auf – auch dies ist eine Variante des sich selbst nachfüllenden Suppentellers. Der Magen eines Kindes hat die Größe einer kindlichen Faust – also viel zu klein für Erwachsenenportionen.

**Mein Tipp**

Werfen Sie einen Blick in die Tabelle „Typische Tagesrationen und Portionsgrößen" (Seite 50/51) des vorangegangenen Kapitels und in „Meine Lieblingsrezepte" (Seite 119), um eine Vorstellung von Kinderportionen zu bekommen. Aber denken Sie daran, dass die Übersichten nur eine grobe Richtschnur sind, die man von Tag zu Tag, von Mahlzeit zu Mahlzeit an die individuellen Bedürfnisse des Kindes anpassen muss. Der Hunger Ihres Kindes hängt von vielen Faktoren ab:

- wie lange die letzte Mahlzeit zurücklag,
- welche Art und welche Mengen von Nahrung das Kind zuletzt zu sich genommen hat,
- wie viel Bewegung das Kind hatte,
- wie lange es geschlafen hat,
- an welchem Punkt der Wachstumskurve es sich befindet und viele Faktoren mehr.

Nadine, Mutter des dreijährigen Owen

### » Praktischer Teller

Ich habe für meinen Sohn einen speziellen Kinderteller mit Einteilungen für die unterschiedlichen Lebensmittelgruppen gekauft. Er liebt diesen Teller nicht nur, weil sich die unterschiedlichen Nahrungsmittel nicht berühren (das mag er nämlich gar nicht!), sondern auch, weil ich ihm auf diese Weise die richtigen Mengen von jedem Teil der Mahlzeit gebe.«

## Niemals vor dem Fernseher essen

**Meine Meinung: Hier dürfen Sie freier entscheiden!**

Warum? Wie bitte? Kein Popcorn zum Film?

**Mein Tipp**

Nicht vor dem Fernseher essen macht Sinn, weil sowohl Sie als auch Kind abgelenkt sind und Sie beide den Überblick über die Mengen verlieren, die ihr Kind isst. Aber die meisten Menschen genießen es, vor beim Fernsehen einen Snack zu sich zu nehmen. Anstatt diese gemütliche Angewohnheit deshalb ganz zu verbannen, sollte man sich lieber vorher einen Plan machen. Richten Sie die Portionen für jeden einzeln auf einem Teller oder in einer Schüssel an. Dann erhält jeder eine angemessene Portion. Oder füllen Sie die Mulden eines Muffinblechs mit unterschiedlichen gesunden Snacks. Dann erinnern Sie Ihre Kinder daran, den angebotenen Snack beim Schauen schön langsam zu verzehren.

## Jede einzelne Mahlzeit ausgewogen

### Meine Meinung: Hier dürfen Sie freier entscheiden!

Warum? Weil es fast unmöglich ist, täglich drei völlig ausgewogene Mahlzeiten zu servieren. Um eine gesunde Ernährung zu gewährleisten, muss nicht jede einzelne Mahlzeit in sich ausgewogen sein.

Natürlich sollte man bei jeder Mahlzeit so gesund wie möglich essen, doch realistischerweise ist das unmöglich bzw. würde zu großem Stress bei Eltern und Kindern führen. Der kindliche Appetit ist vielen Schwankungen unterworfen – von Tag zu Tag und sogar von Stunde zu Stunde. Wie auch wir Erwachsene mögen Kinder mal dies und mal das. Sie füllen ihren Teller mit einer Sache, ohne von anderen Angeboten Notiz zu nehmen. Es ist nur allzu menschlich, ab und an auch mal auf kalorienreiche, nährstoffarme Gerichte Appetit zu haben. Das Geheimnis liegt darin, diese „Lustattacken" zu beschränken und einen Plan bzw. Familienregeln zu haben, die besagen, dass es nicht nach jeder Mahlzeit eine süße Nachspeise gibt und nicht bei jedem Fernsehnachmittag eine Tüte Chips. Solche Naschereien gehören ab und an dazu, aber nicht ständig und nicht in großen Mengen.

**Mein Tipp**
Achten Sie darauf, dass die Mahlzeiten auf täglicher oder zumindest auf wöchentlicher Basis ausgewogen sind. Betrachten Sie die Essgewohnheiten Ihres Kindes in größerem Rahmen, anstatt jeden einzelnen Bissen zu kontrollieren. So ist eine Mahlzeit, die aus Rohkost und Vollkorntoast besteht, vielleicht etwas eiweißarm, aber dieses „Defizit" können Sie mühelos mit dem nächsten Snack oder der nächsten Hauptmahlzeit ausgleichen.

Stephen Ball, Ph.D., außerordentlicher Professor der Angewandten Physiologie, University of Missouri

» Im Rhythmus der Woche

Ich gebe immer den Rat, sich während der Woche so gesund und ausgewogen wie möglich zu ernähren, aber die Lieblingsgerichte maßvoll nur samstags zu genießen. Mit diesem Modell können sich die Leute auf etwas freuen. So fällt es ihnen leichter, eine gesunde Ernährung durchzuziehen.«

## Nie direkt aus der Tüte essen

**Meine Meinung: Befolgen Sie diesen Rat!**
Warum? Weil das Kind dann zu viel essen würde.

**Mein Tipp**
Ganz gleich, ob eine Tüte Chips, eine Packung Kekse oder ein Glas Oliven – isst man aus der Verpackung, verliert man das Gefühl für die verzehrten Mengen. Die meisten Kinder (und Erwachsenen) essen dann zu große Portionen. Achten Sie auf die auf der Verpackung angegebenen Portionsgrößen, betrachten Sie die täglichen Nahrungsmengen Ihres Kindes und legen Sie dann eine angemessene Verzehrgröße fest. Diese geben Sie auf einen Teller oder in ein Schälchen. Geben Sie nicht sofort einen Nachschlag, sondern verordnen Sie Ihrem Kind eine Wartezeit von 20 Minuten – denn so lange dauert es, bis sich das Sättigungsgefühl einstellt.

## Keine Snacks mehr vor dem Zubettgehen

**Meine Meinung: Hier dürfen Sie freier entscheiden!**
Warum? Ein Häppchen vor dem Schlafengehen hält den Blutzuckerspiegel stabil, hilft dem Kind möglicherweise beim Einschlafen und sorgt dafür, dass das Kind nachts nicht vor Hunger aufwacht.

**Mein Tipp**
Da auch die Aktivität unseres Verdauungsapparats gegen Abend nachlässt, können große Mahlzeiten vor dem Zubettgehen das Einschlafen erschweren. Aber auch Hunger hält wach, kann den Schlaf stören oder ein zu frühes Aufwachen am nächsten Morgen verursachen. Deshalb sollten Kinder etwa 30 bis 60 Minuten vor dem Zubettgehen ein einen kleinen zuckerarmen Snack mit einer gesunden Dosis Kohlenhydrate und wenig Eiweiß zu sich nehmen.
Hier einige Anregungen für abendliche Snacks:

- Weizen-Toastie mit zuckerreduzierter Marmelade

- Haferflocken mit Milch und Banane
- zuckerreduziertes Vollkornmüsli mit Milch
- Vollkorn-Cracker mit Thunfisch
- zuckerreduzierte Haferkekse mit warmer Milch
- eine Brezel mit einem Käse-Stick
- Vollkorn-Toast, dünn bestrichen mit Nuss-Nugat-Creme
- zuckerreduziertes Knuspermüsli mit Joghurt

Ein gesunder Snack vor dem Zubettgehen ist eine gute Idee. Achten Sie aber darauf, dass Ihr Kind isst, weil es Hunger hat – nicht aus bloßer Gewohnheit. Und achten Sie auf das anschließende Zähneputzen.

## Fast-Food-Restaurants meiden

**Meine Meinung: Hier dürfen Sie freier entscheiden!**
Warum? Wissenschaftler aus den USA haben etwa 3000 Essenskombinationen von zwölf Fast-Food-Ketten analysiert. Nur zwölf dieser Kombi-Mahlzeiten wurden in Sachen Nährstoffe als für Vorschulkinder geeignet eingestuft, 99,6 Prozent waren nicht ausreichend nährstoffreich. Nur 15 Mahlzeiten waren für ältere Kinder geeignet, was bedeutet, dass 99,5 Prozent die Nährstoffansprüche der entsprechenden Altersgruppe nicht erfüllten.

Als die Forscher die Bestandteile der speziell für Kinder empfohlenen Menus untersuchten, stellte sich heraus, dass 30 Prozent oder mehr der Kalorien aus Zucker und gesättigten Fetten stammten und den täglichen Salzbedarf der Kinder bereits zur Hälfte oder mehr deckten. Möglicherweise umfassten die wenigen, als nährstoffreich eingestuften Kombinationen ein paar Apfelschnitze oder anderes, was Kinder in einem Fast-Food-Restaurant mit großer Wahrscheinlichkeit nicht essen werden.

Die Studie bestätigte auch das, was Eltern ohnehin schon wissen, nämlich dass Fast-Food-Anbieter Kinder gezielt über eine Vielzahl von Medien ansprechen. In den USA sieht ein Vorschulkind täglich im Durchschnitt drei Werbespots für Fast-Food-Restaurants. Es überrascht nicht, dass 40 Prozent aller Kinder ihre Eltern mindestens einmal pro Woche um einen Besuch eines Fast-Food-Restaurants bitten – 15 Prozent quengeln täglich. 84 Prozent aller Eltern von Kleinkindern geben diesen Bitten mindestens einmal pro Woche nach.

In Deutschland ist der Nachwuchs ist (noch) nicht so weit. Doch auch hierzulande besucht bereits jeder dritte männliche Jugendliche mindestens einmal pro Woche die Frittenbude oder das Schnellrestaurant um die Ecke – mit steigender Tendenz. Bei Mädchen ist die Zahl etwa halb so hoch.

**Mein Tipp**
Ab und mal ein Fast-Food-Menu ist in Ordnung, aber viele Familien besuchen diese Art von Restaurants viel zu oft. Wenn Sie essen gehen möchten, sollten Sie kein Fast-Food-Restaurant wählen, sondern das Essengehen vielmehr als Anlass betrachten, etwas Gutes, Gesundes zu konsumieren. Fast alle Restaurants bieten auch gesunde, ausgewogene Gerichte – auch wenn man mit Bedacht bestellen und ein wenig länger als im Schnellrestaurant warten muss. Planen Sie deshalb Ihr Auswärtsessen ohne Zeitdruck. Legen Sie Regeln für die Wahl des Gerichts fest. So können Sie Ihrem Kind beispielsweise eine „ungesunde" Beilage erlauben. Wenn es Pommes frites bestellt, gibt es keinen Softdrink, sondern Milch oder Wasser.

FASTFOOD

## Ab und zu Regeln brechen

**Meine Meinung: Befolgen Sie diesen Rat!**
Warum? Erziehung ist ein komplizierter, anstrengender Job. Jeder Tag hält neue Herausforderungen bereit. Hinzu kommt, dass Eltern wie Kinder auch nur Menschen sind. Sie sind nicht zu 100 Prozent für jede Aktion Ihres Kindes verantwortlich. Schon in jungem Alter beeinflussen seine eigenen Entscheidungen sein Verhalten. Keine noch so engagierte Mutter und kein noch so hingebungsvoller Vater können dem Kind Tag für Tag auf Schritt und Tritt folgen und jeden Krümel, den es zu sich nimmt, kontrollieren. Selbst der Versuch, dies zu tun, würde Eltern wie Kind in den Wahnsinn treiben und würde in ständige Machtkämpfe ausarten.

Legen Sie Regeln fest, auf deren Grundlage sich vernünftige Essgewohnheiten herausbilden können – denn langfristiges Denken wird sich auch in diesem Bereich auszahlen. Können Sie Ihr Kind überzeugen, eine grüne Bohne zu essen, so ist es mehr als nur diese eine grüne Bohne – denn es wird für alle zukünftigen grünen Bohnen in seinem Leben gelten. Anstatt sich immer nur auf die gegenwärtige Mahlzeit zu konzentrieren, sollten Sie jede sich bietende Gelegenheit nutzen, um Ihrem Kind gesunde Nahrung und vernünftige Essgewohnheiten nahe zu bringen – für jetzt und die Zukunft.

wichtig

**Durchdenken Sie Ihre Familienregeln sorgfältig. Überlegen Sie sich gut, welche Schlacht Sie führen wollen – und wählen Sie eine, die Sie sicher gewinnen können.**

# Tipps, Tricks und Taktiken

# Tipps, Tricks und Taktiken

**Lernen Sie zehn Kniffe kennen, die Ihnen helfen, Ihrem Kind eine gesunde Ernährung näherzubringen. Nutzen Sie die Antworten auf häufig gestellte Fragen als Anregung für die Ernährung Ihrer Lieben.**

# Die „Top Ten" der Tipps, Tricks und Taktiken

**Schwieriges Essverhalten ist in den ersten Lebensjahren von Kindern keine Ausnahme und kann unterschiedlichste Formen annehmen. Sie als Eltern werden mit zahlreichen Spielarten schwierigen Essverhaltens konfrontiert. Da liegt es auf der Hand, dass es keine Standardlösung gibt, die sich auf alle Probleme, Erscheinungsformen und Kinder anwenden lässt.**

Selbst Geschwister können sehr unterschiedlich sein. Ich habe vier Kinder, die sich so sehr ähneln wie ein Apfel, eine Orange, Spaghetti und Sushi. Oft staune ich, dass diese Kinder dieselben Eltern haben und im selben Haushalt erzogen werden. Sie sind eigene Persönlichkeiten und besitzen auch in Sachen Ernährung ihre ganz individuellen Präferenzen.

Mein Sohn ist ein abenteuerlustiger, experimentierfreudiger Esser – er hat schon Oktopus, Büffel- und Alligatorenfleisch sowie schokoladenüberzogene Heuschrecken probiert. Auf dem Bauernmarkt nötigt er mich, das am ungewöhnlichsten aussehende Obst und Gemüse zu kaufen, damit er es versuchen kann. Er liebt exotisches Essen aus aller Herren Länder und ist für jedes Experiment zu haben. Seinen letzten Geburtstag feierte er in einem chinesischen Dim-Sum-Restaurant.

Mein anderer Sohn ernährt sich hingegen nur von einigen wenigen Gerichten. Für ihn muss ich immer dieselbe Orangensaftmarke kaufen, andere Säfte lehnt er ab. Er würde lieber eine Mahlzeit auslassen als etwas zu essen, das nicht zu seinen Leibgerichten zählt. Beide Jungs sind in unserem Haushalt aufgewachsen – was wieder einmal zeigt, welche große Rolle die Persönlichkeit des Kindes bei seinem Essverhalten spielt.

Wenn wir erwarten, dass alle Kinder gleich reagieren oder dass ein und dasselbe Kind in jeder Situation identisch reagiert (was natürlich nicht der Fall sein wird), dann sind Frustrationen bei den Eltern vorprogrammiert. Deshalb sollten wir ein möglichst großes Repertoire an Tricks und Reaktionsmöglichkeiten besitzen. So können wir für jedes Kind und jede Situation die richtige Reaktion auswählen.

## Wege und Umwege führen zur Lösung

Auf den folgenden Seiten finden Sie einige der verbreitetsten Probleme, die beim Essverhalten der Kinder auftreten, und eine Vielzahl von Lösungsvorschlägen. Die Lösungen variieren. Sie sollen nicht jedem Vorschlag sklavisch folgen, sondern ihn vielmehr als Ausgangspunkt betrachten und auf dieser Basis eine für Ihre Situation maßgeschneiderte Lösung entwickeln. Wenn Sie dies im Hinterkopf behalten, werden Sie auf den folgenden Seiten viele praktische Lösungsansätze für die Probleme rund um das Essverhalten Ihres Kindes finden.

wichtig

**Seien Sie flexibel. Lesen Sie sich die Lösungsvorschläge durch und wählen Sie jenen aus, der Ihnen für Sie und Ihr Kind am sinnvollsten erscheint.**

Wenn Sie an einer Stelle Probleme bekommen, sehen Sie noch einmal alle auf der Basis dieses Buches und anderer Quellen entwickelte Optionen durch. Betrachten Sie die Persönlichkeit Ihres Kindes, Ihren Erziehungsstil und Ihre Familienziele. Dann setzen Sie Ihre Entscheidung in die Tat um. Bringt Ihr ursprünglicher Plan nicht den gewünschten Erfolg (und das wird oft der Fall sein), probieren Sie eine andere Option aus. Versuchen Sie es nötigenfalls mit einer dritten Option – eben so lange, bis Sie mit der Entwicklung der Dinge zufrieden sind. Erziehung ist eine komplizierte Sache, und oft gibt es für ein Problem keine konkrete Antwort. Versuchen Sie, entspannt vorzugehen – Probleme mit dem Essverhalten des Kindes lassen sich nicht in ein paar Tagen lösen. Richten Sie den Blick in die Zukunft und auf Ihre Langzeitziele – und feiern Sie jeden kleinen Sieg auf Ihrem Weg.

Wenn Sie sich für eine bestimmte Lösung entschieden haben, schreiben Sie sie auf ein Blatt Papier. Vielleicht wollen Sie es an den Kühlschrank pinnen, damit Sie sich die Details immer wieder in Erinnerung rufen können. Diskutieren Sie Ihren Plan mit anderen Erwachsenen, die Ihr Kind gut kennen. Betrachten Sie Ihren Plan als Leitfaden für die nächsten ein, zwei Monate – nicht als in Stein gemeißeltes Gesetz. Ihr Kind wird sein Leben lang essen, da darf es ruhig ein paar Monate dauern, um neue Essgewohnheiten einzuführen – das ist wie ein Wimpernschlag im Angesicht eines ganzen Lebens. Erinnern Sie sich an Ihre eigenen Kinder- und Jugendjahre – wahrscheinlich haben Sie nicht einmal halb so gesund gegessen wie heute. Schließlich haben Sie im Lauf der Jahre einiges über gesunde Ernährung gelernt, und Ihr Kind wird das auch. Betrachten Sie Ihre aktuellen Bemühungen als Trainingscamp, das Ihrem Kind ein Leben lang nutzen wird.

Die gute Nachricht: Wenn Sie sich bemühen, Ihr Kind zu einem besseren Essverhalten und zu einer gesünderen, ausgewogeneren Ernährung zu führen, dann stehen die Chancen gut, dass Ihnen dies tatsächlich gelingt. Das wird nicht von heute auf morgen passieren und wahrscheinlich auch nicht in perfekter Art und Weise, aber Sie werden definitiv Verbesserungen beobachten und Ihrem Kind eine gesunde Ernährung näher bringen können.

## 1. Setzen Sie sich langfristige Ziele

Mit einer ungesunden Mahlzeit oder auch den Mahlzeiten eines Tages ist der Erfolg Ihres Werges zum angestrebten Ziel noch nicht gefährdet – Sie können sich also entspannen. Setzen Sie sich langfristige Ziele und betrachten Sie diese als Leitlinie. Ihr Lösungsansatz sollte nicht die Kontrolle über jeden Bissen sein, den Ihr Kind zu sich nimmt, sondern vielmehr eine positive wöchentliche Ernährungsbilanz.

Große Ziele sind oft schwierig zu verfolgen. Setzen Sie sich deshalb auf dem Weg kleine Zwischenziele. Wenn Ihr Kind beispielsweise überhaupt kein Gemüse isst, sollten fünf Gemüseportionen pro Tag nicht Ihr unmittelbares Ziel sein. Stattdessen beginnen Sie besser mit der Einführung einer Gemüseportion pro Tag. Nach einer gewissen Übergangszeit, etwa einer Woche oder auch einem Monat, führen Sie eine weitere Gemüseportion pro

Tag ein. Auf diese Weise arbeiten Sie sich Schritt für Schritt vor und etablieren Gemüse als Bestandteil der Mahlzeiten Ihres Kindes. Schließlich geht es darum, den Grundstein für eine lebenslange gesunde Ernährung zu legen – und das lässt sich nicht über Nacht bewältigen. Seien Sie realistisch: Erwarten Sie weder von sich noch von Ihrem Kind Perfektion!

## 2. Kleine Veränderungen führen zu großen Resultaten

Es kann sehr schwierig bis nahezu unmöglich sein, die festgefahrenen Essgewohnheiten eines Kindes zu verändern. Anstatt gleich jede Mahlzeit völlig umzukrempeln, ist es sinnvoller, kleine Veränderungen vorzunehmen, eine nach der anderen. Wählen Sie einige wenige Punkte aus und konzentrieren Sie sich auf diese. Sobald diese zur Routine geworden sind, nehmen Sie weitere Themen in Angriff. Wenn Sie so vorgehen, werden Sie das Essverhalten Ihres Kindes innerhalb eines Jahres völlig umgestellt haben.

Im Folgenden stelle ich Ihnen einige kleinere Veränderungen vor, die Sie einfach durchführen können. Probieren Sie sie aus, variieren Sie sie möglicherweise, bis Sie eine Variante gefunden haben, die Ihr Kind akzeptiert:

- Ersetzen Sie Softdrinks durch selbst gemachte Limonade oder aromatisiertes Wasser. Nach und nach führen Sie dann stilles Wasser als Hauptgetränk ein.
- Ersetzen Sie sehr fetthaltige Würstchen, Wurst oder Hot Dogs von Schwein und Rind durch fettarme Geflügel- oder Soja-Versionen.
- Anstelle von nährstoffarmen Snacks, Chips und Knabbereien können Sie Vollkornbrezeln oder -cracker mit Frischkäse, einen Obstteller oder Rohkoststicks mit einem Dip anbieten. Lesen Sie im Abschnitt „Ein bisschen Naschen ist erlaubt - mit Regeln (Seite 109) nach.
- Bereichern Sie eines der Lieblingsgerichte Ihres Kindes durch eine gesunde Beilage. Rohkoststicks, frisch zubereitetes Apfelmus, Obstschnitze oder ein Joghurt machen jedes Gericht gesünder.
- Werten Sie die Lieblingszerealien Ihres Kindes mit frischem Obst, Beeren oder gehackten Nüssen und Mandeln auf.
- Servieren Sie Ihrem Kind die gewohnten Gerichte, aber verändern Sie die Proportionen zugunsten der gesunden Bestandteile und verringern Sie den Anteil der weniger gesunden Zutaten. Erhöhen Sie zum Beispiel den Anteil des Gemüses, ersetzen Sie weißes Mehl durch Vollkornvarianten und verringern Sie den Anteil an weniger Gesundem und süßen Nachspeisen.
- Verwenden Sie beim Kochen nach und nach weniger Salz, Zucker, Käse und Fett. Kleine Veränderungen wird Ihr Kind wahrscheinlich gar nicht wahrnehmen, während Sie Schritt für Schritt gesünder kochen.

## 3. Gehen Sie schrittweise vor

Würden Sie Ihrem Kind die gewohnten Gerichte von heute auf morgen entziehen und durch gesunde Kost ersetzen, könnte dies ein größeres Chaos auslösen. Aus Ihrem schwierigen Esser könnte ein Essensverweigerer werden! Wählen Sie deshalb die Lieblingsgerichte Ihres Kindes aus und wandeln Sie sie auf gesunde Weise ab. Wenn Sie im Laufe der Zeit kleine Veränderungen vornehmen, werden sich die Geschmacksknospen Ihres Kindes allmählich daran gewöhnen. Im Folgenden finden Sie einige Anregungen, wie Sie typische Lieblingsgerichte gesünder gestalten können.

### Makkaroni mit Tomatensoße aus der Fertigpackung

**Das Original:**
Gelbe Nudeln mit Tomatensoße aus der Tüte.

**Die gesunde Variation:**
Ersetzen Sie die gelben Hartweizennudeln nach und nach durch Vollkornnudeln. Ersetzen Sie zunächst ein Viertel der Nudeln durch die Vollkornversion, einige Mahlzeiten später bieten Sie Ihrem Kind einen 50:50-Mix aus gelben und Vollkornnudeln an, bis schließlich nur noch Vollkornnudeln auf seinem Teller liegen. Haben Sie erst einmal die Nudeln ersetzt, können Sie nach und nach auch die Soße verändern. Stellen Sie die Soße beispielsweise nur noch aus zwei Dritteln Tütenpulver und einem Drittel echten Tomaten her. Dann verschieben Sie das Verhältnis in Richtung 50:50, bis die Soße schließlich ganz aus echten Tomaten besteht.

### Helles Toastbrot mit Nuss-Nugat-Creme

**Das Original:**
Helles, ballaststoffarmes Toastbrot mit zuckerreicher Nuss-Nugat-Creme

**Die gesunde Variation:**
Ersetzen Sie zunächst eine Scheibe Weißbrot durch Vollkornbrot, die zweite Scheibe belassen Sie vorläufig. Später ersetzen auch die zweite Scheibe Weißbrot durch Vollkornbrot. Der nächste Schritt besteht darin, die Hälfte der Nuss-Nugat-Creme durch eine zuckerreduzierte Marmelade zu ersetzen und schließlich auch die zweite Hälfte. Lassen Sie sich für diese schrittweise Umstellung ruhig einige Wochen Zeit, sodass sich Ihr Kind an die Geschmacksveränderung gewöhnen kann.

### Frühstückszerealien

**Das Original:**
Nährstoffarme überzuckerte Frühstücksflocken

**Die gesunde Variation:**
Mischen Sie im ersten Schritt einen Löffel gesundes Vollkornmüsli unter die ungesunden Flocken Ihres Kindes. Steigern Sie die Menge mit der Zeit, während Sie die überzuckerten Flocken entsprechend reduzieren. Noch besser ist es, wenn Sie zusätzlich frisches Obst hinzufügen. Verändern Sie die Proportionen mit der Zeit, bis Ihr Kind schließlich ein gesundes Vollkornmüsli mit frischem Obst in seinem Schälchen hat. Es kann hilfreich sein, die ungesunden Flocken durch ein Müsli zu ersetzen, das eine ähnliche Form und Konsistenz besitzt. Schauen Sie sich mal im Müsliregal um – dort finden Sie viele gesunde Varianten zur Auswahl.

Vollkorn

### Kekse

**Das Original:**
Zuckerreiche, fetthaltige Kekse aus dem Supermarkt oder aus Backmischung hergestellte Kekse.

**Die gesunde Variation:**
Die meisten Kinder lieben Kekse – und Sie werden erstaunt sein, wie bereitwillig Ihr Kind auch eine viel gesündere Version akzeptieren wird! Wenn Sie die Kekse selbst backen, können Sie einzelne Zutaten nach und nach durch gesündere ersetzen, zum Beispiel Weizenmehl durch (Dinkel-)Vollkornmehl und Schokotröpfchen durch Rosinen.

Vielleicht ist es für Sie auch einfacher, die Lieblingskekse Ihres Kindes durch eine neue Sorte zu ersetzen anstelle die alten zu verändern. Damit Ihr Kind nicht die Nase rümpft, könnten Sie Ihrem Kind anstelle der Chocolate-Chips-Kekse Haferkekse mit Rosinen anbieten. Achten Sie beim Kauf darauf, dass die neue Sorte weniger Zucker sowie weder Transfettsäuren noch künstliche Zusatzstoffe enthält.

## 4. Nicht predigen, sondern lehren

Verändern Sie Ihr Vokabular: Streichen Sie unerfreuliche Worte wie Diät oder Junkfood, wenn es um Essen geht. Vermeiden Sie altmodische, negativ besetzte Sätze wie „Wenn Du Deinen Teller nicht leer isst, gibt es keinen Nachtisch.“ Vermitteln Sie Ihrem Kind mit Ihren Kommentaren sinnvolle Inhalte wie „Wenn Du etwas Gesundes gegessen hast und danach noch Platz in Deinem Magen ist, bekommst Du einen Nachtisch.“ Vermeiden Sie es, bestimmte Lebensmittel als „gut“ oder „schlecht“ zu etikettieren. Sprechen Sie stattdessen lieber mit Ihrem Kind über die individuellen Eigenschaften dieser Lebensmittel und darüber, ob sie der Gesundheit nützen oder nicht. Werfen Sie Ihrem Kind nicht vor, zu viel Junkfood zu essen, wenn es gerade eine halbe Tüte Chips verspeist hat – solche Vorträge sind an diesem Punkt nicht sinnvoll.

Setzten Sie Essen und vor allem Süßigkeiten und Knabbereien weder als Belohnung noch als Strafe und auch nicht als Trost bei Schmerzen oder Traurigkeit ein. Versuchen Sie, dem Essen bei Familientreffen oder Feiern nicht die Hauptrolle zu geben, sondern betonen Sie vielmehr den Spaß am geselligen Zusammensein. Natürlich soll Ihr Kind lernen, gutes Essen zu schätzen, aber als Teil einer sozialen Erfahrung.

*wichtig*

**Ein Kind in Sachen Ernährung zu unterrichten, ist eine tägliche Reise, die man am besten in kurzen überschaubaren Etappen unternimmt. Lassen Sie sich Zeit und vergessen Sie nicht, dass es Ihnen um langfristige Ziele geht.**

## 5. Seien Sie raffiniert, falls nötig

Auch wenn Sie Ihre langfristigen Ziele festgelegt und kleinere Etappenziele definiert haben, auch wenn Sie die eine oder andere Veränderung herbeigeführt und Ihrem Kind das eine oder andere über gesunde Ernährung beigebracht haben, ist es immer noch ein langer Weg bis hin zu dem Punkt, an dem Ihr Kind gesunde Ernährung verinnerlicht hat. In der Zwischenzeit sollten Sie sich nicht scheuen, Ihre Alltagsgerichte durch mehr und mehr gesunde Zutaten aufzuwerten. Hier sind einige Anregungen:

Sie können den Nährstoffgehalt deutlich steigern, wenn Sie gesunde Zutaten unter ein Gericht „mogeln". Dies ist ein guter Weg, dem Kind eine gesunde, ausgewogene Ernährung zu bieten, während seine Geschmacksknospen reifen. Gleichzeitig sollten Sie fortfahren, Ihrem Kind in entspannter Weise neue Lebensmittel anzubieten. Diese versteckten „Zugaben" sorgen für mehr Nährstoffe in den Gerichten, während das Kind noch im Begriff ist, richtiges Essverhalten zu erlernen.

Wenn Ihrem Kind eines der Gerichte mit eingeschmuggelten Zutaten schmeckt, können Sie auch ruhig ganz nebenbei bemerken, dass in der Nudelsoße auch Kürbis, Zucchini und Karotten sind. Auf diese Weise kann Ihr Kind dieses Gemüse mit anderen Augen sehen („Wer hätte gedacht, dass Dir Kürbis so gut schmeckt!"). Vielleicht bekommt Ihr Kind auch Lust, das nächste Mal Kürbis zu probieren, wenn Sie ihn in „unmaskierter" Form servieren.

Missy Chase Lapine, Autorin von The Sneaky Chef

### » Viel Spaß beim Schmuggeln

Sie sollten Ihrem Kind konsequent gesunde Nahrung anbieten und es ermuntern, diese zu probieren. Wenn Sie Ihrem Kind das wichtige Gemüse unterschmuggeln, können Sie diese Auseinandersetzungen sehr viel entspannter angehen. Denn Sie wissen ja, dass es die wichtigen Nährstoffe bekommt.«

### Aufwertung von Alltagsgerichten

| Fügen Sie dieses... | ... hier hinzu: |
|---|---|
| Gehackter Spinat, fein geraspelte Karotten, Zucchini, Sellerie oder Zwiebel | Hamburger, Frikadellen oder Hackbraten |
| Pürierte Karotten, fein gewürfelte Paprika oder Tofu | Spaghetti-Soße |
| Vollkorn-Weizenmehl, Leinschrot, Weizenkeime, Datteln, Nüsse, Rosinen | Keksteig |
| Haferkleie, Leinenschrot, Apfel, Banane, Beeren | Pfannkuchen oder Muffins |
| Süßkartoffeln, pürierter Kürbis, Zucchini oder Karotten | Nudeln mit Soße |
| Zerdrückter Blumenkohl oder pürierte Kichererbsen | Kartoffelpüree |
| Hüttenkäse, Joghurt, Nüsse, Saaten, Obst | Haferflocken oder Müsli |
| Püriertes oder fein zerkleinertes Gemüse wie Paprika, Blumenkohl, Karotten (entweder als Belag oder in die Tomatensoße gerührt), Boden aus Vollkornmehl | Pizza |
| Fein zerkleinerte oder pürierte grüne Bohnen, Karotten, Zucchini, Kohl, Erbsen oder Kürbis | Rahmnudeln |
| Fein zerkleinerte Zucchini, Blumenkohl, Erbsen, Paprika, Pilze, Tomaten | Suppe oder Eintopf |

## 6. Wählen Sie kluge Regeln

Natürlich wäre es toll, wenn Sie Fast Food, Zucker und Softdrinks aus dem Leben Ihres Kindes verbannen könnten. Und es wäre großartig, wenn Ihr Kind täglich gut gelaunt fünf Portionen Gemüse essen würde. Doch Tatsache ist, dass es Tag für Tag durch die Werbung, bei Freunden, beim Fernsehen, bei Klassenfesten, bei den Großeltern und bei tausend anderen Gelegenheiten mit den Verlockungen ungesunder Ernährung konfrontiert wird. Hinzu kommt, dass viele Kinder von Natur aus kein Gemüse mögen – unter dem Strich ist der Kampf gegen diese äußeren Einflüsse für viele Eltern ein Fulltime-Job.

Das Herunterbeten einer Litanei von Ernährungsregeln ist dennoch nicht die richtige Lösung. Studien zeigen, dass Eltern, die zu strenge Ernährungsregeln auferlegen, nicht weiter kommen, im Gegenteil: Ihre Kinder sind entweder besonders mäkelige Esser – oder essen zu viel. Die richtige Antwort besteht aus einigen wenigen, aber durchdachten und praxisnahen Regeln, die vom gesunden Menschenverstand geleitet werden.

Auch wenn jede Familie anders ist, gibt es doch ein paar Grundregeln, die für alle Kinder gelten. Überlegen Sie, was Ihnen besonders wichtig ist und in welchen Bereichen Ihr Kind am meisten zu lernen hat. Hier stelle ich Ihnen als Beispiel zwei Regeln vor und zeige die Beweggründe, die dahinter stecken. Auf dieser Grundlage können Sie überlegen, was Ihnen persönlich wichtig ist.

**Du bekommst eine Nascherei pro Tag.**
In vielen Familien gibt es die „eine Nascherei pro Tag“-Regel – oder noch ehrgeiziger: die „eine Nascherei pro Woche“-Regel. Diese Regel ist leichter umzusetzen, als Süßigkeiten vollständig zu verbieten. Wenn Sie eine solche Regel aufstellen, müssen Sie allerdings definieren, was Sie unter „Nascherei“ verstehen. Ist eine Vollkornbrezel eine Nascherei? Und Pommes frites? Eine Dose Limonade? Diese Regel kann ein echter Lebensretter sein. Bettelt Ihr Kind nach Süßigkeiten oder Chips, können Sie es fragen: „Ist das dann Deine Nascherei für heute?“ Diese nützliche Frage hilft Ihrem Kind, durchdachte Ernährungsentscheidungen zu treffen.

**Du musst erst zwei Bissen probieren, bevor Du sagen kannst, dass es Dir nicht schmeckt.**
Wenn Sie den Teller Ihres Kindes mit etwas Neuem voll laden, kann das die komplette Ablehnung des Kindes zur Folge haben. Anstatt dem Kind gleich eine ganze Portion eines neuen Lebensmittels oder Gerichts aufzuladen, geben Sie ihm ein oder zwei Löffel, sodass es erst einmal probieren kann, ob es das Angebotene mag. Ich schlage keine „Ein-Bissen-Regel“ vor, weil ein Bissen so schnell heruntergeschluckt ist, dass das Kind den neuen Geschmack gar nicht wahrnehmen kann. Bei zwei Bissen ist die Wahrscheinlichkeit größer, dass das Kind Gefallen findet und seinen Widerstand aufgibt. Erlebt das Kind mit dem neuen Gericht eine positive Überraschung, wird es auch in Zukunft experimentierfreudiger sein und neuen Geschmacksrichtungen aufgeschlossener begegnen. Lehnt es das neue Gericht ab, seien Sie nicht enttäuscht: Sie haben im Lauf der Zeit noch viele weitere Gelegenheiten, Neues einzuführen.

## 7. Führen Sie clevere Rituale ein

Kinder lieben tägliche Routinen und Rituale. Kinder halten an dem fest, was sie als tägliches Ritual kennen. Nutzen Sie dies und führen Sie ein paar hilfreiche Essrituale ein. Einmal etabliert, wird Ihr Kind den vertrauten Mustern automatisch folgen. Im Folgenden gebe ich Ihnen einige Anregungen, wie solche Rituale rund ums Essen aussehen könnten. Vielleicht denken Sie bei dieser Gelegenheit auch einmal über die Routinen Ihrer Familie nach.

- Frühstücken Sie jeden Tag. Essen Sie morgens etwas aus jeder der folgenden Nahrungsmittelgruppen: Körner/Getreide, Obst oder Gemüse, Milchprodukte.
- Obst oder Gemüse sind ein guter Snack, wenn zwischen den Mahlzeiten Hunger aufkommt.
- Süße Nachspeisen wie Eis, Kuchen oder Cremes sind köstlich, aber sollten die Ausnahmen für besondere Anlässe wie Geburtstage oder Feiertage bleiben.
- Mittag- und Abendessen enthalten immer mindestens ein Gemüse.
- Zusätzliche Butter, Sirups und Soßen sowie zusätzlicher Zucker und Ketchup gibt es nur in kleinen Mengen.
- Süße Limonaden gibt es nur selten. Am besten, man beschränkt sie auf Feiern oder auf Restaurants.
- Bei jeder Mahlzeit steht eine Karaffe Wasser auf dem Tisch.

Dies sind Beispiele für hilfreiche Rituale und Gewohnheiten, weil sie einen gesunden

Ernährungsstil unterstützen und auf ernährungswissenschaftlichen Erkenntnissen basieren. Entscheiden Sie selbst, welche Sie übernehmen und entwerfen Sie ruhig auch eigene Rituale. Und vergessen Sie nicht: Kinder lernen am besten von einem Vorbild – und das sind Sie!

## 8. Machen Sie aus Mahlzeiten Erlebnisse

Mahlzeiten im Familienkreis machen Spaß. Dabei geht es mindestens genau so um das Beisammensein wie um das Essen selbst. In vielen aktiven Familien sind die Mahlzeiten die einzige Gelegenheit zusammenzukommen und miteinander zu reden. Genießen Sie diese besonderen Gelegenheiten.

Das Auge isst mit – probieren Sie aus! Experimentieren Sie mit Farben, Formen, Konsistenzen und der Präsentation der Lebensmittel. Wenn der Braten im Mittelpunkt der Mahlzeit steht und die Bohnen am Rande des Tisches stehen, wird ihnen Ihr Kind keine Bedeutung beimessen. Wenn Sie sie aber appetitlich angerichtet auf einer Platte präsentieren, vielleicht mit Olivenöl, Knoblauch, Ingwer und einer natriumarmen Sojasoße verfeinert, erwecken sie viel eher das Interesse Ihres Kindes. Indem man Bekanntes einmal anders zubereitet, bringt man das Kind in Kontakt mit neuen Aromen und Geschmacksrichtungen.

Der Esstisch ist nicht der richtige Ort für ernste oder unangenehme Unterhaltungen. Behandeln Sie nicht beim Essen die Probleme des Tages. Das Tischgespräch sollte angenehm und unterhaltsam sein, sodass die Mahlzeiten im Familienkreis auch den familiären Zusammenhalt fördern.

Fördern Sie bei Ihren Kindern gute Tischmanieren, aber maßregeln Sie sie nicht wegen jeder Kleinigkeit. Tischmanieren lassen sich am besten häppchenweise lehren. Lassen Sie sich dafür mindestens ein Jahr Zeit. Gehen Sie konsequent, aber entspannt vor und leben Sie Ihren Kinder gute Tischmanieren vor.

## 9. Fördern Sie die Eigenverantwortlichkeit

Sie können nicht immer dabei sein, wenn Ihr Kind isst. Bereiten Sie es deshalb auf die Mahlzeiten vor, bei denen Sie nicht anwesend sind. Dazu können Sie, wie schon zuvor beschrieben, Rituale einführen.

Sie können die Eigenverantwortlichkeit und Entscheidungsfähigkeit Ihres Kindes auch fördern, indem Sie ihm mehrere gesunde Optionen anbieten. Fragen Sie es, ob es seine Karotten lieber roh oder gekocht mag, ob es lieber Vollkornreis oder Vollkornnudeln haben möchte. Einem schon etwas älteren Kind gibt man allgemeine Richtlinien an die Hand, mit denen es arbeiten kann. Erlauben Sie ihm beispielsweise, seine eigene Brotzeit zusammenzustellen, geben Sie ihm aber eine Liste jener Nahrungsmittel an die Hand, die darin enthalten sein müssen, zum Beispiel ein Stück Obst, ein Vollkornprodukt und etwas Eiweißreiches.

Erlauben Sie Ihrem Kind, bei der Zubereitung der Mahlzeiten zu helfen. Denn die eigene unmittelbare Erfahrung mit Lebensmitteln

# Die „Top Ten“ der Tipps, Tricks und Taktiken im Überblick

1. Setzen Sie sich langfristige Ziele.
2. Kleine Veränderungen führen zu großen Resultaten.
3. Verschrecken Sie Ihr Kind nicht – gehen Sie schrittweise vor.
4. Nicht predigen, sondern lehren.
5. Seien Sie raffiniert, falls nötig.
6. Wählen Sie kluge Regeln.
7. Führen Sie clevere Rituale ein.
8. Machen Sie die Mahlzeiten zu einem positiven Erlebnis.
9. Fördern Sie Eigenverantwortlichkeit.
10. Seien Sie ein gutes Vorbild.

schafft eine viel engere Verbindung zu dem, was später auf dem Tisch steht, als es Vorträge und Erklärungen vermögen.

Aaron, Vater der zehnjährigen Sophie, des achtjährigen Andrew und der siebenjährigen Julia

### » Heute kochen die Kinder

Einmal im Monat lassen wir unsere Kinder eine einfache Mahlzeit planen und zubereiten. Sie beratschlagen das Menu, helfen beim Einkaufen und sind für die Zubereitung verantwortlich. Was auch immer dabei herauskommt – sie essen es und sie haben viel Spaß dabei.«

## 10. Seien Sie ein gutes Vorbild

Es ist einfacher, das Kind von gesunder Ernährung zu überzeugen, wenn Sie selbst mit gutem Beispiel vorangehen. Auch wenn es nicht immer offensichtlich ist: Kinder lernen durch Beobachtung und sie registrieren sehr wohl, was die Eltern essen. Wenn Sie dem Kind durch Ihr eigenes Handeln zeigen, dass Obst eine tolle Zwischenmahlzeit ist, dass Gemüse gut schmecken kann, dass man Süßigkeiten auch in ganz kleinen Mengen und großen Abständen genießen kann – dann wird Ihr Kind Ihrem Beispiel folgen.

# Häufige Fragen und praktische Lösungen

In diesem Abschnitt finden Sie eine Reihe konkreter Fragen, die meine Testeltern gestellt haben. Die Antworten sind sicher auch für Sie wertvolle Anregungen und vermitteln Ideen für den Umgang mit dem Thema Ernährung innerhalb Ihrer Familie.

## Vorbeugung gegen schwieriges Essverhalten

» *Unser vierjähriger Sohn ist ein extrem mäkeliger Esser. Gibt es eine Methode, wie man schwieriges Essverhalten bei seinem 18 Monate alten Bruder im Vorfeld vermeiden kann?«*

### Das sollten Sie wissen

Wie Sie im 1. Kapitel bereits erfahren haben, ist es kaum möglich, die Essenspräferenzen eines Kindes komplett umzukrempeln – manche Essgewohnheiten sind biologisch bedingt. Dennoch können Eltern einiges dazu beitragen, dass ihr Baby schon von Anfang an eine größere Auswahl an Nahrungsmitteln akzeptiert. Auch das Handeln der Eltern spielt eine Rolle. Führen Sie schon früh Gewohnheiten und Routinen ein, die Ihrem Kind vernünftiges Essverhalten vermitteln. Im Folgenden gebe ich Ihnen einige Vorschläge, aber denken Sie daran, dass nicht alle für Sie in Frage kommen werden – und auch von jenen Tipps, die Sie berücksichtigen, werden sich nur manche bewähren. Dennoch kann jede der folgenden Anregungen einen kleinen Schritt in Richtung vernünftiges Essverhalten bedeuten – probieren Sie also aus, was Ihnen sinnvoll erscheint.

### So helfen Sie Ihrem Kind

**Führen Sie gute Gewohnheiten ein.**
Beobachten Sie aufmerksam, welche Präferenzen und Essgewohnheiten Ihr Kind entwickelt. Bemühen Sie sich, positive Gewohnheiten zu etablieren und negatives Verhalten zu vermeiden. Wenn Ihr Kind beispielsweise zum Frühstück gerne frisches Obst isst, sollten Sie darauf achten, dass immer das Gewünschte im Haus ist. So wird frisches Obst am Morgen schnell zu einer positiven Essgewohnheit. Wenn Ihr Kind unterwegs gerne einen Vollkornkeks knabbert, vermeiden Sie es, in der Bäckerei den angebotenen Schoko-Cookie anzunehmen. Führen Sie keinen süßen Nachtisch nach jeder Mahlzeit ein und servieren Sie das Mittag- oder Abendessen nicht vor dem Fernseher, denn so etwas wird bei Kindern schnell zur schlechten Angewohnheit.

**Geben Sie Essen nicht als Belohnung.**
Setzen Sie Essen weder als Beruhigungsmittel noch als Belohnung oder Disziplinierungswerkzeug ein. Und auch nicht als Trostpflaster bei Enttäuschungen, Traurigkeit oder kleineren Verletzungen. Süßigkeiten sollten nicht als Belobigung für gutes Benehmen benutzt werden, noch sollte ein Süßigkeitenentzug als Bestrafung eingesetzt werden. Essen ist einfach „nur" Ernährung – auf diese Weise machen Sie es Ihrem Kind unmöglich, das Essen zu instrumentalisieren und als Druckmittel einzusetzen. So ersparen Sie sich und Ihren Kind jahrelange Machtkämpfe und eine Emotionalisierung des Essens.

### Geben Sie kleine Portionen.

Servieren Sie Ihrem Kind kleine Portionen auf kleinen Tellern, damit es sich nicht überfordert fühlt. Ein randvoll gefüllter, riesiger Teller kann einem kleinen Kind durchaus Angst machen und außerdem dazu führen, dass es über seinen Sättigungspunkt hinaus isst. Geben Sie Ihrem Kind stattdessen lieber einen Nachschlag, wenn es danach verlangt, und machen Sie auch bitte kein Drama daraus, wenn es seinen Teller nicht leer isst. Nutzen Sie hierfür die Angaben in der Tabelle „Typische Tagesrationen und Portionsgrößen" (Seite 50/51) sowie im Kapitel „Meine Lieblingsrezepte (Seite 119).

### Lassen Sie Neues probieren.

Lassen Sie Ihr Kind probieren, wenn Sie etwas Neues servieren. Achten Sie darauf, dass das Gericht frisch und schmackhaft ist. Macht ein Kind eine schlechte Erfahrung mit etwas Unangenehmem, wird es in der nächsten Zeit unbekannte Gerichte und Lebensmittel verweigern. Führen Sie „ganz nebenbei" öfter mal etwas Neues ein. Studien zeigen, dass sich das Zeitfenster zwischen sechs Monaten und zwei Jahren am besten eignet, um ein Kind mit einer großen Auswahl an neuen Gerichten und Nahrungsmittel vertraut zu machen – denn in diesem Alter ist das typische mäkelige Essverhalten der Kleinkinder noch nicht ausgeprägt. Bieten Sie Ihrem Kind schon im Babyalter viel Unterschiedliches an, immer in kleinen Mengen. Bieten Sie unbeirrt immer weiter Neues an, auch wenn sich Ihr Kind nicht wirklich dafür begeistert. Die Erfahrung zeigt, dass viele Kinder erst nach vielen Anläufen und Wiederholungen – wenn ihnen der Anblick und der Geruch vertraut geworden sind – Interesse für etwas zeigen. Also: Geben Sie nicht auf, denn jeder Versuch bringt Sie dem Ziel ein Stückchen näher.

### Sorgen Sie für eine stressfreie Umgebung.

Sorgen Sie bei den Mahlzeiten für eine entspannte Atmosphäre. Mahlzeiten sollten in einem stressfreien Umfeld stattfinden, sodass das Essen schon für das Baby zu einer positiven Erfahrung wird. So lassen sich viele zukünftige Kämpfe rund ums Essen schon im Vorfeld vermeiden. Wird Ihr Jüngstes schon früh Zeuge von „Essenskämpfen" zwischen Ihnen und Ihren älteren Kinder, ist das Dilemma womöglich vorprogrammiert.

### Üben Sie keinen Zwang aus.

Zwingen Sie Ihr Kind nicht, etwas zu essen, was es nicht mag. Wendet Ihr Kind den Kopf ab oder verzieht angewidert das Gesicht, sollten Sie dies respektieren. Geben Sie ihm etwas, das es mag. Auf diese Weise wird Ihr Kind auch beim nächsten Anlauf etwas Neues versuchen, denn es weiß, dass Sie seine Vorlieben und Abneigungen respektieren. So lernt Ihr Kind, dass Essen eine angenehme, zwanglose Erfahrung ist.

### Ihre Devise sollte lauten. „Weniger ist mehr".

Bieten Sie Ihrem Kind nicht zu viel Auswahl. Wenn Sie Ihrem Kind zu jeder Haupt- und jeder Zwischenmahlzeit eine ganze Speisekarte zur Auswahl bieten, wird es sich schnell daran gewöhnen. Wenn Sie ihm zu viel Wahl lassen, werden Sie die nächsten 15 Jahre als persönlicher Chefkoch Ihres Kindes zubringen.

### Seien Sie ein gutes Vorbild.

Zeigen Sie Ihrem Kind, wie sehr Sie selbst Gesundes mögen. Kinder lernen durch Beobachtung, das gilt auch für das Essverhalten. Lassen Sie Ihr Baby bei den Mahlzeiten dabei sein, sodass es von Ihnen lernen kann.

# Isst mein Kind genug?

» *Ich gebe mir große Mühe, mein Kind gesund zu ernähren. Doch vieles von dem Essen landet auf dem Boden oder wird auf dem Teller zermatscht. Ich bin außerdem nicht bei allen Mahlzeiten anwesend, kann also nicht sagen, wie viel meine Tochter über den Tag verteilt isst. Woher weiß ich, dass mein Kind genug isst?«*

Amy, Mutter des zweijährigen Levi

## » Isst mein Sohn genug?

Ich bin nie sicher, ob mein Sohn genug isst. Ich frage mich auch, ob das, was er isst, auch das Richtige ist. Wir erlauben ihm Dinge, von denen wir wissen, dass sie nicht das Beste und Gesündeste sind. Aber etwas Anderes lehnt er ab.«

### Das sollten Sie wissen

Es ist unmöglich, jeden Bissen zu kontrollieren, der in den Magen Ihres Kindes gelangt – und es wäre sehr stressig, dies überhaupt zu versuchen. Wenn Ihr Kinderarzt Ihnen bestätigt, dass Ihr Kind gesund ist und in punkto Größe und Gewicht innerhalb der Normalkurven liegt, bekommt es mit großer Wahrscheinlichkeit genug Nahrung. Vergessen Sie nicht, dass manche Kinder von Natur aus eher dünn sind, und auch die Tatsache, dass Ihr Kind am unteren Rand der Wachstumskurve liegt, ist an sich noch kein Grund zur Sorge.

Neben der Frage, ob Ihr Kind genug isst, ist es fast noch wichtiger zu betrachten, ob es das Richtige isst und ob das, was es isst, sein Wachstum und seine Entwicklung optimal unterstützt. Denn Kinder können selbst mit minderwertiger Ernährung wachsen und gedeihen – die Probleme sind dann nur nicht auf den ersten Blick sichtbar. Ein Kind, das keine ausgewogene Ernährung zu sich nimmt, wird sich nicht optimal entwickeln: So kann sich eine schlechte Ernährung beispielsweise auf seine Konzentrations- und Lernfähigkeit auswirken. Eine fortgesetzte Mangelernährung kann sich außerdem auf die körperliche Gesundheit des Kindes auswirken. Doch da Kinder erstaunlich robust sind, fällt eine Mangelernährung erst ins Auge, wenn die gesundheitlichen Schäden fortschreiten.

### So helfen Sie Ihrem Kind

Wenn Ihr Kind ein allzu genügsamer Esser ist und Sie sich Sorgen machen, ob die Nahrungsmenge ausreicht, hier einige Tipps:

**Bieten Sie kleine Powermahlzeiten an.**
Servieren Sie Ihrem Kind nährstoffreichere Mahlzeiten, von denen kleinere Portionen ausreichen, beispielsweise ein Vollkornbrot mit Käse, eine Pizzaschnecken (Seite 125) oder ein Obstsalat unter Quark (Seite 124) (hier dürfen Sie auch fetthaltigeren Quark verwenden).

**Vermeiden Sie flüssige Kalorien.**
Achten Sie darauf, dass sich Ihr Kind nicht mit flüssigen Kalorien in Form von gesüßter Limonade sättigt, auch wenn es sich um gesunde Säfte handelt. Flüssigkeiten füllen den Magen, sodass kein Platz mehr für gesunde feste Nahrungsmittel bleibt, die Ballaststoffe und Vitamine liefern. Bieten Sie lieber Mineralwasser zum Trinken an.

**Geben Sie Obst in Maßen.**
Erlauben Sie Ihrem Kind nicht, sich den Magen mit kalorienarmem Obst wie Trauben, Wassermelone oder Erdbeeren zu füllen. Auch wenn dies gesunde, ballaststoffreiche Nahrungsmittel sind, liefern sie weniger Kalorien, dafür aber

viel Fruchtzucker – also nur in kleinen Mengen genießen. Isst sich Ihr Kleines daran satt, wird in seinem Magen kein Platz mehr für andere Nahrungsmittel sein, die zu einer ausgewogenen Ernährung gehören.

**Bieten Sie leichte Zwischenmahlzeiten.**
Beschränken Sie Knabbereien wie Cracker, Brezeln oder trockene Müslimischung, die dafür sorgen, dass Ihr Kind bei der nächsten Hauptmahlzeit keinen Appetit mehr hat. Hat Ihr Kind zwischendurch Hunger, geben Sie ihm eine kleine Portion Rohkost mit einem Dip, einige Apfelstückchen oder probieren Sie Pitabrot mit Humus, einer orientalischen Spezialität aus Kichererbsen. Auch ein Roggenbrot mit selbstgemachter Kräuterbutter (Seite 123) oder ein Vollkornbrot mit Tomatenbutter 40 (Seite 126) stillen den kleinen Hunger zwischendurch. Oder besser noch: Servieren Sie einen Teil der Hauptmahlzeit schon vorab als Vorspeise, sodass ihr Kind eine ausgewogene Mahlzeit bekommt – wenngleich in mehreren Gängen.

**Machen Sie ein Picknick im Wohnzimmer.**
Wenn Ihr Kind beim Essen nicht sitzen bleibt, verändern Sie die Präsentation. Servieren Sie dasselbe Essen, aber nennen Sie es „Snack" statt „Essen" und servieren Sie es zwanglos. Oder legen Sie eine Decke auf den Boden und machen Sie aus der Mahlzeit ein Picknick.

**Bieten Sie drei Haupt- und zwei Zwischenmahlzeiten an.**
Achten Sie darauf, dass Ihr Kind in regelmäßigen Abständen isst, etwa drei Haupt- und zwei bis drei Zwischenmahlzeiten pro Tag. Gestalten Sie sowohl die Haupt- wie auch die Zwischenmahlzeiten ausgewogen und gesund.

## Nicht jeder Kampf lohnt

*» Die Mahlzeiten sind bei uns zu Hause zu wahren Kämpfen geworden. Von morgens bis abends ist das Essen das Hauptthema. Was kann ich tun?«*

### Das sollten Sie wissen
Der Löwenanteil der Essprobleme ist nicht lebensbedrohlich – deshalb lohnt es sich nicht, aus Essthemen Kämpfe zu machen. Die meisten Kinder reagieren positiv auf die in diesem Buch vorgeschlagenen Anregungen und Lösungen, aber eine Veränderung der Essgewohnheiten vollzieht sich nicht über Nacht, sondern erfordert Zeit, Geduld und Durchhaltevermögen.

### So helfen Sie Ihrem Kind
Atmen Sie tief durch und denken Sie mal über die folgenden Anregungen nach:

**Führen Sie Tagebuch.**
Vielleicht isst Ihr Kind ja besser, als Sie glauben. Werfen Sie einen Blick in die Tabelle „Typische Tagesrationen und Portionsgrößen" (Seite 50/51). Sie vermitteln Ihnen eine Vorstellung von kindgerechten Mahlzeiten. Vielleicht hilft es Ihnen, ein, zwei Tage ein Tagebuch zu führen und genau aufzuschreiben, was ihr Kind zu sich nimmt und diese Mengen mit den in den Tabellen angegebenen zu vergleichen. Stellt sich dabei heraus, dass Ihr Kind von einer Nahrungsmittelgruppe zu wenig konsumiert, können Sie dieses Problem gezielt angehen.

**Wägen Sie das Ziel ab.**
Manche Aspekte mäkeligen Essverhaltens können Sie getrost ignorieren. Liebt Ihr Kind beispielsweise grüne Bohnen und Zucchini, lehnt aber Brokkoli vehement ab, dann geben

Sie ihm eben grüne Bohnen und Zucchini – der Brokkoli kann noch ein Weilchen warten. Lehnt Ihr Kind jedoch jegliches grüne Gemüse ab und stürzt sich ausschließlich auf helle Nudeln, dann sollten Sie energischer handeln – es lohnt sich.

**Locken Sie mit einer bunten Auswahl.**
Anstatt den Teller Ihres Kindes mit Dingen zu füllen, von denen Sie meinen, dass es sie essen müsste, sollten Sie die Gerichte lieber auf Platten und in Schüsseln auf den Tisch bringen und Ihrem Kind einen leeren Teller geben. Erlauben Sie ihm, sich selbst aufzugeben – wovon und wie viel es mag. Wenn nur Gesundes zur Auswahl steht, ist es letztlich gleich, wofür sich Ihr Kind entscheidet. Stellen Sie jedoch nicht zu viele neue oder ausgefallene Gerichte zur Wahl, die Ihr Kind wahrscheinlich eher meiden wird. Beschränken Sie sich auf die bekannten Familiengerichte und bieten Sie bei jeder Mahlzeit ein, höchstens zwei unbekannte Gerichte oder Beilagen an. Darf sich das Kind selbst aufgeben, wird es das Essen viel lieber verspeisen.

**Leiten Sie Ihr Kind an.**
Die Aufgabe der Eltern besteht darin, dem Kind eine Auswahl gesunder Nahrungsmittel und Gerichte anzubieten und Ungesundes wie Süßigkeiten, Softdrinks, Junkfood und Nahrungsmittel mit Transfettsäuren stark zu beschränken. Es ist außerdem Ihre Aufgabe, Ihrem Kind seine Entscheidungsmöglichkeiten in Bezug auf seine Ernährung aufzuzeigen, damit es auch dann die richtige Wahl trifft, wenn Sie abwesend sind. Es ist wichtig, dass Sie Ihr Kind beim der Entwicklung eines gesunden Essverhaltens unterstützen. Sie haben ein Interesse daran, dass Ihr Kind die Mahlzeiten genießt, dass es die unterschiedlichen Lebensmittelgruppen sowie die richtigen Mengen kennenlernt und erfährt, was seinem Körper gut tut. Sie sollten Ihrem Kind beibringen, auf die Signale seines Körper zu hören, anstelle sein Essverhalten an äußere Einflüsse zu koppeln wie beispielsweise an Gefühle, an die soziale Umgebung oder an die bloße Allgegenwärtigkeit von Essen.

## Bleiben Sie konsequent

*» Ich bin es langsam leid, jeden Tag separat für meine Kinder zu kochen. Aber wenn ich eine gesunde Mahlzeit auf den Tisch bringe und verlange, dass diese gegessen wird, geht das Gejammere und Genörgel schon los. Die Kinder verweigern das Essen ganz einfach! Was passiert also? Ich mache ihnen Makkaroni mit Tomatensoße aus der Packung, weil ich sie ja schließlich nicht hungern lassen kann, oder?«*

### Das sollten Sie wissen

Das Wichtigste: Machen Sie sich nicht so viel Sorgen! Wenn Ihre Kinder freiwillig eine Mahlzeit auslassen, werden sie ganz sicher nicht verhungern! Sie werden lediglich hungrig vom Tisch aufstehen und bei der nächsten Haupt- oder Zwischenmahlzeit mehr essen. Die Ironie des Schicksals besteht darin, dass sich die Eltern mit Vorwürfen und Sorgen herumquälen, während die Kinder keinen weiteren Gedanken an die Situation verschwenden, aufstehen und sich ins ihr Spiel stürzen. Schlimmstenfalls bekommen sie ein, zwei Stunden später Hunger und erscheinen in der Küche – auf der Suche nach etwas Essbarem.

Auf den ersten Blick mag es besser erscheinen, ihnen ihr Lieblingsessen zu geben als gar nichts – aber das ist ein Irrtum. Denn wenn ihre Kinder den Fisch, den Reis und den Brokkoli ablehnen, den Sie ihnen anbieten, und statt dessen zum fünften Mal in Folge Makkaroni mit Tomatensoße bekommen, dann ersetzen Sie gesunde, ausgewogene Mahlzeiten durch leere Kalorien, die sie zwar satt machen, die ihnen aber nicht die Nährstoffe liefern, die sie für ein gesundes Gedeihen benötigen.

Das Problem: mangelnde Konsequenz. Mal geben Eltern dem Genörgel der Kinder nach und servieren die sprichwörtliche Extra-Wurst, mal geben sie nicht nach. Die Kinder hingegen legen konsequentes Verhalten an den Tag: Sie geben nämlich nicht nach, sondern nörgeln so lange, bis die Eltern nachgeben. Damit sich die Dinge verändern, müssen Sie sich verändern!

### So helfen Sie Ihrem Kind

**Überdenken Sie Ihre Bedürfnisse und Ziele.** Um eine Veränderung des Essverhaltens Ihres Kindes zu bewirken, sollten Sie zunächst die tägliche Routine verändern. So nimmt der Druck, der auf Ihnen lastet, ab und Ihr Kind kann zu einem akzeptablen Essverhalten finden. Überlegen Sie sich dazu, wie die Mahlzeiten Ihrer Meinung nach ablaufen sollten. Hier gibt es keine richtigen und falschen Vorstellungen, jede Familie muss für sich selbst entscheiden. Deshalb nehmen Sie sich einen Moment Zeit und denken Sie über Ihre eigenen Bedürfnisse und Ziele nach. Schauen Sie sich an, wie die Mahlzeiten momentan ablaufen, und beantworten Sie die folgenden Fragen:

- Was stresst oder ärgert Sie am meisten?
- Was tun Sie, um diese Punkte abzustellen?
- Was tun Sie wider besseres Wissen, weil Sie sich unter Druck gesetzt fühlen?
- Was kann schlimmstenfalls passieren, wenn Sie Ihr aktuelles Verhalten ändern? Können Sie damit leben?
- In welchem Punkt sind Sie kompromissbereit – und in welchem nicht?
- Welche Lösungen gibt es für die Probleme, die Sie als solche identifiziert haben?

Denken Sie immer an den alten, aber wahren Spruch: „Man kann das Pferd zur Tränke führen, aber nicht zum Trinken zwingen." In diesem Sinne können Sie Ihr Kind an den gedeckten Tisch setzen, es aber nicht zum Essen zwingen. Sie können jedoch selbst bestimmen, welches Essen Sie ihm anbieten, welches Essverhalten Sie ihm vorleben und wie Sie auf seine Ablehnung reagieren.

Einen Plan machen und diesen ohne Wenn und Aber durchziehen, hilft bei vielen Kindern. Aber nur, wenn Sie ihn mit aller Konsequenz durchziehen, ganz gleich, was passiert. Hier sind einige Anregungen, wie Ihr neuer Plan funktionieren könnte:

**Sorgen Sie für positive Stimmung.**
Stellen Sie eine Liste der Lieblingsgerichte Ihrer Kinder auf. Überlegen Sie, wie Sie es anstellen könnten, dass jedes Kind beim Abendessen etwas auf dem Tisch vorfindet, das es mag. So sorgen Sie dafür, dass jedes Kind zumindest etwas isst – und aus dieser positiven Stimmung heraus probiert es vielleicht auch etwas anderes. So könnten Sie Ihrem Kind Makkaroni mit Tomatensoße vielleicht als kleine Beilage zu dem Fisch mit Brokkoli anbieten.

**Kochen Sie einfache Gerichte.**
Halten Sie die Mahlzeiten einfach. Wenn Sie komplizierte, aufwendige Gerichte auf den Tisch bringen, die Ihre Kinder nicht würdigen, hebt das sicher nicht Ihre Stimmung. Sie fühlen sich verletzt, was nicht selten zu Wut führt und die Situation noch verschlimmert.

**Bereiten Sie sich in Gedanken vor.**
Überlegen Sie sich im Voraus, wie Sie auf einen kleinen Essensverweigerer reagieren werden. Ist es für Sie in Ordnung, wenn sich Ihr – bereits etwas älteres – Kind selbst eine gesunde Alternative zubereitet? Sind noch Reste vorigen Mahlzeit im Kühlschrank, die es sich warm machen kann? Oder können Sie damit leben, dass Ihr Kind diese Mahlzeit auslässt und später etwas isst? Zum Beispiel die nächste gesunde Zwischenmahlzeit?

**Locken Sie mit einem späten Snack.**
Planen Sie etwa eine Stunde nach dem Abendessen noch einen gesunden Snack ein, z.B. einen Möhren-Quark-Dip (Seite 124). Das ist lange genug, damit Ihr Kind nicht automatisch auf den Snack spekuliert und das Abendessen dafür gerne auslässt, aber auch nicht so lange, dass Ihr Kind vor lauter Hunger Wutanfälle und emotionale Ausfallserscheinungen bekommt.

**Machen Sie sich einen Plan.**
Denken Sie über diese Anregungen nach und lesen Sie sich auch die anderen Tipps in diesem Buch durch. Dann entwerfen Sie Ihren Plan. Es ist hilfreich, ihn schriftlich niederzulegen und ihn mit Ihrem Partner und anderen Erwachsenen, mit denen Ihr Kind Zeit verbringt, zu besprechen. Es ist hilfreich, alle Bezugspersonen Ihres Kindes auf Ihrer Seite zu wissen. Und vergessen Sie nicht, dass Sie Ihren Plan im Lauf der Zeit sicher das eine oder andere Mal abändern müssen.

## Von Weißmehl zu Vollkorn

*» Ich habe keine Ahnung, was passiert ist, aber meine Kinder verlangen ausschließlich nach Weißmehlprodukten bei Brot und Nudeln oder auch geschälten Reis. Ich esse gerne Vollkornprodukte und bin völlig ratlos. Wie kann ich meine Kinder von Vollkorn überzeugen?«*

### Das sollten Sie wissen

Dies ist ein häufiges Dilemma – auch bei Eltern, die gerne Vollkornprodukte essen! Traurigerweise werden Kinder heutzutage fast nur mit Weißmehlprodukten konfrontiert. Ob in Fast-Food-Restaurants, bei Geburtstagsfeiern und selbst bei den Großeltern – es scheint, als würde Weißmehl das Angebot dominieren. Natürlich können Eltern nicht vollständig kontrollieren, was sich außerhalb des eigenen Haushalts abspielt, aber zumindest zu Hause haben sie die Kontrolle und können die Essgewohnheiten ihrer Kinder beeinflussen.

### So helfen Sie Ihrem Kind

Damit Ihr Kind mehr Vollkornprodukte verzehrt, folgen Sie den Anregungen aus dem Abschnitt „Vollkorn macht stark (Seite 33) und den folgenden Tipps:

#### Führen Sie Neues stufenweise ein.

Ersetzen Sie das Weißmehl nach und nach. Bereiten Sie beispielsweise Pizza mit dem Grundrezept pikanter Hefeteig (Seite 136) zu, ersetzen Sie zunächst ein Drittel des Weißmehls durch Vollkornmehl. Durch die Beigabe kleiner Vollkornmengen verändert sich der Geschmack kaum. Viele Kinder werden den „Schummel" wahrscheinlich gar nicht bemerken. Nach und steigern sie den Vollkornanteil, bis Sie 100 Prozent erreichen. Geht man schrittweise vor, gewöhnen sich die Kinder ganz allmählich an den etwas anderen Geschmack und die leicht veränderte Konsistenz. Dieselbe Methode lässt sich auch bei Reis oder Nudeln anwenden, allerdings sollten Sie hier dunkle Soßen dazu reichen, die die andere Färbung etwas abdecken. Bei den Penne mit milder Tomatensoße (Seite 131) gelingt es leicht. So gelingt Ihnen die Umstellung auf die nährstoffreicheren Produkte, die sehr viel mehr Vitamine und Mineralstoffe enthalten.

Mit der Idee des schrittweisen Ersetzens können Sie Ihre Kinder auch von überzuckerten, nährstoffarmen Frühstückszerealien entwöhnen. Mischen Sie einfach etwas ballaststoff- und nährstoffreiches Vollkornmüsli unter diese Flocken und steigern Sie diesen gesunden Anteil schrittweise. Streuen Sie am Schluss nur noch eine kleine Menge der ursprünglichen süßen Flocken über das gesunde Vollkornmüsli. Bei Frühstückszerealien lohnt sich ein Blick auf die Zutatenliste. Manche Sorten sind tatsächlich gesünder als andere, enthalten Vollkorngetreide, weniger Zucker und mehr Ballaststoffe als andere.

#### Ihre Geduld zahlt sich aus.

Für die Umstellung von Weißmehl- auf Vollkornbrot empfiehlt es sich, zunächst zu einem Brot zu wechseln, das nur einen Teil Vollkornmehl enthält, weil seine Konsistenz hellem Brot ähnelt. Wenn Sie für Ihr Kind ein Sandwich zubereiten, ersetzen Sie zunächst die untere Scheibe durch eine Vollkorn-Misch-Variante. Nach einiger Zeit wählen Sie eine grobkörnigere Brotsorte und ersetzen die obere Scheibe des Sandwichs durch eine Mischform. Später wird Ihr Kind auch beide Scheiben in einer grobkörnigeren Vollkornvariante akzeptieren. Unter Umständen dauert dies einige Monate, also bewahren Sie Geduld. Selbst wenn die Umstellung ein ganzes Jahr in Anspruch nähme, würde sie sich lohnen, denn schließlich kann diese Aktion ein Leben lang die Ernährungsentscheidungen Ihres Kindes beeinflussen.

#### Bieten Sie gesunde Mogelpackungen an.

Mischen Sie Vollkornnudeln oder ungeschälten Reis unter Suppen, Eintöpfe und Schmorgerichte. Ihrem Kind wird diese „Mogelpackung" gar nicht auffallen, während es sich allmählich an den Geschmack von Vollkornprodukten gewöhnt. Verarbeiten Sie Vollkorn-Semmelbrösel in Hackbraten, Frikadellen und Hamburgern.

Ersetzen Sie auch beim Kuchenbacken nach und nach das Weißmehl durch die Vollkornvariante. Beginnen Sie mit einer Mischung aus einem Viertel Vollkorn- und drei Viertel Weißmehl. Steigern Sie nach einiger Zeit den Vollkornanteil auf die Hälfte und arbeiten Sie sich dann langsam in Richtung 100 Prozent Vollkornmehl vor.

Schoki
Vollkorn

**Studieren Sie Zutaten.**
Lassen Sie sich nicht von den Angaben auf der Verpackung an der Nase herum führen. Viele Produkte tragen Aufschriften, die sich nach Vollkorn anhören, auch wenn keines drin ist. Angaben wie „100% Weizen", „7-Korn", „steingemahlen" und „Multi-Korn" sagen nichts über die „Vollkorn-Qualität" eines Lebensmittels aus. Dahinter kann sich ebenso gut Weißmehl verbergen. Vollkorn kann man weder an der Farbe noch an der Konsistenz erkennen, durch Zusatzstoffe kann man aber beides imitieren. Fügt man Weißbrot Melasse hinzu, nimmt es die Farbe eines Vollkornbrotes an, hat aber mit Vollkorn nichts zu tun, sondern ist lediglich ein dunkel gefärbtes Weißbrot. Sie können sicher sein, ein echtes Vollkornbrot in der Hand zu haben, wenn eine der folgenden Zutaten auf der Liste der Inhaltsstoffe auftaucht: Vollkorn, Vollgetreide, Vollhafer, Vollkornweizen, Vollkornroggen, Vollkornmais, Wildreis, brauner (ungeschälter) Reis.

## Nutzen Sie die Lieblingsgerichte Ihres Kindes

» *Unser Sohn isst freiwillig nur seine drei Lieblingsgerichte: Makkaroni mit Tomatensoße aus dem Päckchen, Bananen und mit Nuss-Nugat-Creme oder süßer Marmelade bestrichenes Weißbrot. Alles andere führt zu Kämpfen. Er könnte sich ausschließlich von diesen drei Dingen ernähren! Wie kann ich das ändern?«*

### Das sollten Sie wissen

Es ist bei Kleinkindern ganz normal, dass sie eine Handvoll Nahrungsmittel zu ihren Leibgerichten ernennen und alles andere ablehnen. Ignoriert man die Leibgerichte und serviert statt dessen andere Speisen, wächst sich die Situation leicht zu einem Machtkampf aus. Besser ist es zu überlegen, wie man auf der Grundlage dieser Lieblingsgerichte zu einer gesunden, ausgewogenen Ernährung gelangen kann.

### So helfen Sie Ihrem Kind

Da eine abwechslungsreiche Ernährung in jedem Fall besser ist, sollten Sie den Speisezettel Ihres Kindes aufwerten und vielseitiger gestalten. Hier einige Anregungen:

**Variieren Sie Leibspeisen.**
Hat Ihr Kind einen ganz besonderen Favoriten, der sozusagen sein Grundnahrungsmittel darstellt, sollten Sie Wege finden, diesen durch eine gesündere Variante zu ersetzen. Wenn beispielsweise Brote mit Nuss-Nugat-Creme und Marmelade seine momentane Lebensgrundlage sind, wählen Sie einen zuckerreduzierten Schoko-Aufstrich aus dem Bio-Laden und ersetzen das Weißbrot allmählich (wie oben beschrieben) durch eine Vollkornvariante. Schritt für Schritt tauschen Sie auch die überzuckerte Marmelade gegen Marmelade ohne zusätzlichen Zucker aus. Mischen Sie zunächst frisches geraspeltes Gemüse unter die geliebte Fertig-Tomatensoße, bis Sie schließlich eine ganz frisch zubereitete milde Tomatensoße (Seite 131) anbieten. Diese schrittweisen Veränderungen akzeptiert Ihr Kind wahrscheinlich leichter als eine radikale Umstellung.

So können Sie die Lieblingsspeisen Ihres Kindes leicht variieren, um seine Ernährung etwas abwechslungsreicher zu gestalten. Ersetzen Sie immer nur ein Lebensmittel bzw. eine Zutat, so wird Ihr Kind nicht mit einem völlig neuen Gericht konfrontiert, was wahrscheinlich inakzeptabel wäre.

**Kompromisse helfen – wenigstens ein paar.**
Geben Sie Ihrem Kind eine Mini-Portion seines aktuellen Lieblingsgerichtes als kleine

Beilage zu der Mahlzeit. Eine Viertel Scheibe Brot mit Nuss-Nugat-Aufstrich kann für Ihr Kind eine ist eine prima Beilage zu geschmortem Hühnchen sein. Oder umgekehrt: Bieten Sie Ihrem Kind ein paar Löffel eines neuen Gemüses als Beilage zu einem seiner Lieblingsgerichte an.

**Das Auge isst mit.**
Präsentieren Sie neue Lebensmittel einmal anders, zum Beispiel auf einem besonderen Teller, oder arrangieren Sie die Zutaten so, dass sie wie ein Gesicht aussehen. Die gewohnten Lieblingsgerichte servieren Sie in der gewohnten „langweiligen" Form.

**Denken Sie langfristig.**
Machen Sie sich weniger Sorgen über zeitweilige, kurzlebige abwegige Ernährungsgewohnheiten Ihrer Kinder – die sind ganz normal! Beurteilen Sie die Ernährung Ihres Kindes auf wöchentlicher Basis, nicht auf täglicher. Gibt man Kindern nahrhafte Optionen zur Auswahl und betrachtet die Ernährung über einen Zeitraum von einer Woche, wird sich in den meisten Fällen eine ausgewogene Ernährung herauskristallisieren.

Kristi, Mutter des achtjährigen Jimmy, der fünfjährigen Mary und der dreijährigen Katy

### » Das Daumenzeichen

In Sachen Ernährung legen wir Wert auf eine große Vielfalt an Lebensmitteln und Gerichten, es gibt oft etwas Neues. Das ist nicht immer einfach, man muss positiv an die Sache herangehen und kreativ sein. Wir sagen unseren Kindern, dass nur die Zunge der Richter ist, denn die Augen können Dich austricksen und Dir sagen, dass etwas nicht gut sei. Wir bestehen darauf, dass die Kinder alles probieren – dann dürfen sie uns mit den Daumen zeigen, wie es ihnen geschmeckt hat: Daumen rauf, Daumen runter oder Daumen waagrecht. Wir zeigen ihnen, dass wir ihr Urteil ernst nehmen, indem wir sie nicht zwingen, etwas zu essen, bei dem der Daumen nach unten ging. Bei waagrechtem Daumen ermuntern wir unsere Kinder, es noch einmal zu probieren. Das funktioniert fast immer und macht den Kindern Lust, Neues zu probieren.«

## Machen Sie das Gemüse zum Star

*» Ich serviere meinen Kindern bei jeder Mahlzeit Gemüse, aber sie essen es nur selten. Ich bin sicher, dass sie nicht genug Gemüse zu sich nehmen – aber wie schaffe ich es, dass sie mehr Grünzeug essen?«*

### Das sollten Sie wissen

Der erste Schritt, den Gemüseverzehr Ihrer Kinder zu steigern, ist Ihre eigens Verhalten. Es ist doch eigentlich seltsam: Jeder weiß, das Gemüse für eine gesunde Ernährung sehr wichtig ist – und doch degradieren wir es meistens zur unauffälligen Beilage. Für Hauptgerichte gibt es so viele interessante und abwechslungsreiche Gerichte, aber Gemüse kommt meistens gekocht oder gedämpft auf den Tisch – wie langweilig! Selten steht das Gemüse im Mittelpunkt.

### So helfen Sie Ihrem Kind

Hier einige Tipps, wie Sie Gemüse einen höheren Stellenwert zukommen lassen können:

**Steigern Sie die Spannung.**
Wenn die Kinder fragen: „Was gibt es denn heute zu essen?“ nennen wir meistens das Hauptgericht und den „Kohlenhydratträger“: „Hühnchen und Reis“ oder „Schnitzel und Kartoffeln“. Die Gemüsebeilage wird oft gar nicht erwähnt. Machen Sie es doch mal umgekehrt: Nennen Sie das Gemüse zuerst. Wenn Sie sich einen lustigen oder interessanten Namen für das Gemüse ausdenken, sehen Ihre Kinder das „Frischfutter“ vielleicht mit anderen Augen. So zum Beispiel: „Was gibt es heute zum Abendessen?“ „Es gibt Powerkarotten mit Hühnchen und Reis.“

**Sorgen Sie für Abwechslung.**
Lassen Sie sich mehr als Butter und Salz einfallen. Suchen Sie nach neuen, abwechslungsreichen Gemüserezepten. Probieren Sie doch mal die Lamm-Gemüse-Spieße (Seite 135) – sie sehen toll aus und schmecken einzigartig. Träufeln Sie etwas Soße darüber. Je mehr Gemüsesorten, desto bunter wird der Spieß.

**Gestalten Sie reizvolle Arrangements.**
Es ist witzig, Gemüse in ausgefallenen Behältern oder zu Mustern und Formen arrangiert zu servieren. Mit etwas Kreativität kann man Gemüse so fantasievoll in Szene setzen, dass auch Kinder begeistert sind.

**Jetzt wird gedippt.**
Servieren Sie eine Rohkost-Platte mit einem Dip, zum Beispiel Blauschimmelkäse-Dressing, Joghurtsoße oder orientalischem Humus. Wählen Sie leckere Dips aus der Tabelle Vielfalt mit Dips (Seite 110) aus. Kinder mögen oft rohes Gemüse lieber als gekochtes – vor allem, wenn sie es dippen können.

**Fördern Sie Selbstbedienung.**
Stellen Sie klein geschnittenes Gemüse in lustigen Dosen im Kühlschrank auf Augenhöhe Ihres Kindes auf und sagen Sie ihm, dass es sich dort immer bedienen darf, ohne vorher zu fragen.

**Die Reihenfolge macht's.**
Servieren Sie das Gemüse als Vorspeise oder ersten Gang, also dann, wenn die Kinder am meisten Hunger haben. Das ernährungswissenschaftliche Institut der Penn State University fand Folgendes heraus: Wenn Kinder eine kleine Portion Karotten als ersten Gang ihrer Mahlzeit verspeisen, steigt ihr Gemüseverzehr während der Mahlzeit um fast 50 Prozent an. Die Kinder aßen nicht nur die Karotten, sondern auch mehr Brokkoli. Die Forscher wissen nicht, warum das so ist, aber es ist sicher auch in Ihrer Familie einen Versuch wert.

---

Andrea, Mutter der siebenjährigen Tessa, des vierjährigen Kieran und des zweijährigen Jenson

## » Popcorn aus Kohl

Anstatt Pommes frites und Chips haben wir knusprigen Kohl (Weißkohl oder Wirsing) vom Backblech eingeführt. Die Kinder schneiden den frischen Kohl selbst in kleine Stücke, verteilen ihn auf einem Backblech, beträufeln ihn mit ganz wenig Olivenöl und salzen ihn etwas. Dann backen wir den Kohl bei 175 Grad ungefähr 10 Minuten oder rösten ihn 3 bis 5 Minuten unter dem Backofengrill (aufpassen, dass er nicht verbrennt). Auf diese Weise verspeisen wir mit unseren Kindern pro Woche mindestens zwei Köpfe Kohl. Selbst Erwachsene, die eigentlich keinen Kohl mögen, naschen den Kohl wie Popcorn!«

**Servieren Sie immer im Doppelpaket.**
Wenn Sie zum Mittagessen zwei Gemüsebeilagen servieren, verdoppeln Sie die Chance, dass Ihr Kind wenigstens eine davon isst. Außerdem wird die Gewohnheit, zwei Gemüse-

sorten auf dem Mittagstisch zu sehen, dem Kind signalisieren, dass Gemüse ein wichtiger Teil jeder Mahlzeit ist.

**Schmuggeln sie Gesundes ein.**
Während Sie den Kindern schon in jungen Jahren die Bedeutung gesunder Ernährung nahebringen, können Sie ihnen Tag für Tag in anderen Gerichten frisches Gemüse unterschmuggeln. Gehackten Spinat kann man beispielsweise leicht in Hamburgern unterbringen, pürierten Kürbis in Nudeln mit Tomatensoße, zerdrückten Blumenkohl in Kartoffelpüree und Karotten- oder Brokkolistückchen in Spaghettisoße. Mehr Ideen dazu finden Sie im Kapitel „Seien Sie raffiniert, falls nötig" (Seite 70).

## Gestalten Sie die Mahlzeiten interessanter

» *Meine Kinder spielen lieber, als am Tisch zu sitzen und zu essen. Wie kann ich die Mahlzeiten für sie interessanter machen?«*

### Das sollten Sie wissen

Klar, Kinder wollen Spaß! Also warum nicht die Mahlzeiten zum Spaß für alle machen? Viele meiner Testeltern berichteten mir, dass sie Riesenerfolg damit hatten, das Essen mal anders als gewohnt zu präsentieren oder den Gerichten lustige Namen zu geben. Man muss das ja nicht tagtäglich und zu jeder einzelnen Mahlzeit zelebrieren, aber ab und an ist eine tolle Möglichkeit etwas Stress aus den Tischzeiten zu nehmen und den Kindern Spaß am Essen zu vermitteln.

### So helfen Sie Ihrem Kind

**Spielen Sie mit den Namen.**
Für jedes Gemüse, jedes Gericht lässt sich ein witziger Name finden. Beziehen Sie Ihr Kind in die Namensfindung mit ein. Haben Sie einen verrückten „Spitznamen" gefunden, behalten Sie diesen für das jeweilige Gericht bei und kündigen es so an, wenn es auf dem Speiseplan steht. Hier einige Beispiele:

- Brokkoli – magische Mini-Bäume
- Kidneybohnen – Dino-Eier
- Grüne Bohnen – Muskelmännchen
- Frikadellen/Hackbällchen – Starkmach-Fleisch
- Grüne Oliven – Gespensteraugen
- Stangenselleriestücke, gefüllt mit Frischkäse und mit Rosinen besetzt – Ameisen auf einem Stiel
- Rohkost mit Dip – Tauch's ein, das Gemüse muss rein.

Lisa, Mutter der achtjährigen Amelia

### » Mondäpfel und Perlen aus Grünland

Meine Tochter liebt ein Buch von Lauren Child mit dem Titel „I Will Never Not Ever Eat a Tomato". In dem Buch geht es um Lola, eine besonders mäkelige Esserin. Als Lola eines Tages mal wieder die lange Liste des von ihr geschmähten Essens runterbetete, hatte ihre ältere Schwester Charlie eine Idee. Sie erzählte Lola, dass die orangefarbenen Dinger auf dem Tisch gar keine Karotten seien, sondern „außerirdisches Knabberzeug vom Jupiter" und Erbsen in Wirklichkeit gar keine Erbsen, sondern „grüne Perlen aus Grünland". Kartoffelpüree verkaufte sie als „fluffige Wolken vom höchsten Gipfel des Berges Fuji" – und siehe da, plötzlich erschien Lola all dies interessant. Am Ende aß Lola sogar „Mondäpfel" – natürlich Tomaten.«

magische
Minibäume
Dino-Eier

Wenn Sie in die Fantasiebezeichnungen noch den Namen Ihres Kindes einbeziehen, wird es doppelt begeistert sein und gerne mal etwas Neues probieren. Denken Sie sich so etwas aus wie: Sophies Suppe, Bennies Brokkoli, Felix' Fleischklops, Lauras Linsen, Maxi-Burger. Oder benennen Sie Gerichte nach den Lieblings-Comicfiguren Ihres Kindes.

### Lassen Sie Bohnen sprechen.

Die meisten Kleinkinder sind begeistert, wenn das Essen mit ihnen „spricht". So können die Spaghetti sie zu Tisch rufen. Die Bohnen können sie bitten, in ihren Mund klettern und den Bauch besuchen zu dürfen. Wann auch immer das Essen zu Ihrem Kind spricht, sollte es mit lustig verstellter Stimme reden. Schließlich hören sich Bohnen und Brokkoli nicht wie Mama oder Papa an, stimmt's?

### Bedienen Sie auch das Auge.

Neben lustigen Spitznamen können Sie dem Essen Ihres Kindes ab und zu auch mal eine etwas andere Erscheinungsform geben. Hier einige Ideen:

- Bringen Sie Brot, Pfannkuchen und Käse mit Ausstechern oder einem Messer mal in eine andere Form: Streifen, Kreise oder Motive wie ein Herz oder ein Stern sind mal was anderes als die gewohnten langweiligen Rechtecke.
- Betrachten Sie den leeren Teller als Leinwand und arrangieren Sie das Essen in Form eines Gesichts, eines Tiers, einer Blume oder ähnliches. Oder erlauben Sie Ihrem Kind, ein Motiv seiner Wahl zu legen. Dann fordern Sie es auf, die „Nase" zu essen oder ein bisschen vom „Fuß" zu knabbern.
- Servieren Sie das Essen mal nicht auf einem gewöhnlichen Teller, sondern in einer bunten Schale, in einer lustig bedruckten Schüssel, in Mini-Kochgeschirr, in einem Eiswürfelbehälter oder in einem Muffinblech. Oft macht eine fantasievollere „Darreichungsform" die Mahlzeit für Kinder interessanter.
- Kaufen Sie Ihrem Kind einen Teller, der mit seiner Lieblingsfigur bedruckt ist. Oder nehmen Sie es mit ins Geschäft und lassen es einen Teller auswählen – auch wenn dieser nicht wirklich zu Ihrem restlichen Geschirr passt.
- Seien Sie künstlerisch! Während es Erwachsene auf ihren Tellern gerne „aufgeräumt" haben, bevorzugen viele Kinder ein buntes Durcheinander. Legen Sie Ihrem Kind Muster auf seinen Teller, wechseln Sie verschiedene Gemüsesorten, Fleisch und andere Beilagen ab, stapeln Sie die Zutaten und setzen Sie Ihrer Fantasie keine Grenzen. Mal sehen, wie Ihr Kind darauf reagiert.

### Werden Sie kreativ.

Kombinieren Sie einen lustigen Spitznamen für das Gericht mit einer fantasievollen Präsentation – dem kann Ihr Kind sicher nicht widerstehen! Pflanzen Sie Brokkoli-Bäumchen in ein Beet aus Kartoffelpüree und garnieren Sie das Ganze mit kleinen Hackfleischbällchen – fertig ist ein essbarer Wald! Denken Sie sich dafür einen Namen wie „Zauberwaldessen" aus oder benennen Sie den Wald nach Ihrem Kind. Bauen Sie ein „Sonnensystem" aus Hackbällchen, entwerfen Sie ein Aquarium mit „Rohkostfischen" oder einen Zoo mit in Tierform ausgeschnittenen, belegten Vollkornbroten. So wird auch die einfachste Mahlzeit zum Abenteuer.

### Greifen Sie in den Farbtopf.

Bringen Sie Farbe ins Spiel. Warum muss Kartoffelpüree immer langweilig beige sein? Färben Sie es mit Lebensmittelfarbe oder Gemüse (zum Beispiel Rote-Bete-Saft) bunt ein. Blaues Blumenkohlpüree, violetter Haferbrei oder knallroter Joghurt – das macht Kindern Spaß. Sie können auch Lebensmittelfarbe ins Kochwasser der Nudeln oder Kartoffeln geben – heraus kommen orangefarbene Spaghetti oder grüne Kartoffeln. Lassen Sie Ihr Kind die Farben auswählen.

### Lassen Sie Ihr Kind den Tisch gestalten.

Lassen Sie Ihr Kind sein eigenes Platzset, einen Tischläufer oder einen Serviettenring gestalten. Im Bastelfachhandel finden Sie alle nötigen Zutaten. Kommt das bei Ihrem Kind gut an, machen Sie ein monatliches Projekt daraus oder gestalten Sie den Familientisch mit jeder neuen Jahreszeit um. Hat Ihr Kind den Tisch selbst mitgestaltet, wird es wahrscheinlich auch viel lieber daran Platz nehmen. Oder lassen Sie ihr Kind das eigene Geschirr bemalen. Auch hierfür finden Sie das Material in Bastelgeschäften.

### Machen Sie Gourmettests zu Hause.

Spielen Sie mit Ihrem Kind „Geschmackstester" – das ist außerdem eine gute Möglichkeit, die Reste der vergangenen Tage „an das Kind" zu bringen. Geben Sie kleine Mengen von Gerichten oder Lebensmitteln in Schälchen und fordern Sie die ganze Familie auf, ein bisschen von allem zu probieren und den jeweiligen Geschmack zu kommentieren. Oder Sie beziehen Ihr Kind als „offizieller Geschmackstester" ein, während Sie die Mahlzeit kochen. Stellen Sie ganz formale Fragen wie „Meine Dame, finden Sie, dass hier genug Salz drinnen ist?" oder „Würden Sie noch etwas Pfeffer hinzufügen, mein Herr?" Dieses Spiel haben Kinder auch nach vielen Wiederholungen noch nicht satt.

### Variieren Sie Gewohntes.

Ordnen Sie das gewohnte Gericht einfach mal anders an. Anstatt Spaghetti mit Hackfleischbällchen legen Sie einen großen Hackfleischklops in ein „Spaghettinest", oder machen Sie viele ganz kleine Hackbällchen, die sie im Kreis um die Nudeln herum drapieren. Anstatt die Karotte in runde Scheiben aufzuschneiden, schneiden Sie sie in lange Schnitze oder schälen Sie mit dem Gemüseschäler hauchdünne Streifen ab. Anstatt den Apfel zu vierteln, schneiden Sie das Fruchtfleisch mit dem Gemüseschäler spiralförmig auf.

### Erlauben Sie, mit den Händen zu essen.

Kinder lieben Essen, das sie mit den Händen anfassen und eintauchen dürfen. Hier ein paar Ideen:

- Obstschnitze in Hüttenkäse oder Joghurt dippen
- Äpfel in Quark dippen
- Pitabrot in Tzatziki
- Karotten, Sellerie, Zucchini und andere rohe Gemüsesorten in Blauschimmel-Dressing, Kräuterquark oder Joghurt dippen

- Hühnchenteile oder Rindfleischstücke in Tomatensoße dippen
- Mini-Hackbällchen auf Zahnstocher piksen und in Kartoffelpüree, püriertes Gemüse oder Tomatensoße dippen. Weitere Vorschläge für Dips finden Sie in der Tabelle „So helfen Sie Ihrem Kind“ (Seite 110).

**Machens Sie es wie die anderen.**
Achten Sie darauf, wie das Lieblings-Fast-Food Ihres Kindes präsentiert wird und versuchen Sie, Ihre Gerichte in ähnlicher Form zu servieren. Packen Sie die Hühnerbrust in eine Papiermanschette, servieren das Apfelmus in einem bunten Mini-Schälchen und füllen Sie die grünen Bohnen in eine Papiertüte, sodass sie wie grüne Pommes frites „auftreten“.

Sharee, Mutter des vierjährigen Tommy und des zweijährigen Ben

### » Lecker gefülltes Muffinblech

Ich habe festgestellt, dass meine Kinder insgesamt mehr essen, wenn ich Ihnen eine größere Auswahl verschiedener Dinge biete. Besonders gerne mögen sie es, wenn ich ihnen Käse, Wurststückchen, Obst, Rohkostschnitze, Vollkornbrot, verschiedene Kerne und Nüsse und alles, was der Kühlschrank so hergibt, auf einem unterteilten Tablett oder in den Mulden eines Muffinblechs serviere.«

Anusha, Mutter der 17 Monate alten Vasundhara

### » Eins, zwei, drei, ... Reiskugeln

Meine Tochter mag Erbsen, also bekommt alles, was nur so ähnlich aussieht, einen neuen Namen: Sojabohnen sind „Sojaerbsen“, Kidney-Bohnen sind „Kidney-Erbsen“ – und besonders toll findet sie Kichererbsen! Sie liebt alles, was eine Erbse ist! Da wir asiatischer Abstammung sind, essen wir viel Reis. Der beste Weg, sie zum Reisessen zu animieren ist, den Reis zu Kugeln zu formen. Wir machen kleine Kugeln, große Kugeln, Kicherkugeln oder Plattkugeln, die wir mit der Gabel flach drücken. Sie beginnt schon zu zählen, also reihen wir die Kugeln auf und zählen sie.«

## Verzichten Sie auf harte Regeln

*» Als ich klein war, musste ich alles essen, was auf den Tisch kam und außerdem immer meinen Teller leer essen – selbst wenn ich das Essen überhaupt nicht mochte. Ich habe das immer als ungerecht empfunden und mache heute das genaue Gegenteil davon. Meine Tochter mag nichts von alledem, was ich auf den Tisch bringe. Und am Ende koche ich etwas Eigenes für sie. Gibt es da auch einen vernünftigen Mittelweg?«*

**Das sollten Sie wissen**
Früher war es die Regel, dass Kinder bei jeder Mahlzeit ihren Teller leer essen mussten. Studien, darunter auch die von Brian Wansink, Ph.D. von der Cornell University und Autor des Buches Mindless Eating, zeigen, dass Kinder, die gezwungen wurden, alles zu essen, mehr aßen als für ihre Gesundheit gut war und außerdem in ihrem späteren Leben zweimal so viel Nachspeisen und Süßes aßen als Kinder,

die nicht gezwungen wurden, ihren Teller leer zu essen. Wenn Kinder mit dieser Regel aufwachsen und sie auch als Erwachsene befolgen, steigt das Risiko der Fettleibigkeit. Denn die Portionen, die in Restaurants serviert werden, sind enorm groß, und wenn ein Kind lernt, seinen Teller zu leeren, ganz gleich, wie groß die Portion ist, dann wirkt sich dies „hemmend auf die Fähigkeit aus, selbst zu erkennen, wann man satt ist", so Dr. Wansink. Wenn sich Ihr Kind bemüht, seinen Teller partout leer zu essen – sei es aufgrund vergangener Regeln oder aus Gewohnheit -, geben Sie ihm kleinere Portionen und lassen Sie es nach einem Nachschlag fragen, wenn es tatsächlich noch Hunger hat. So fördern Sie bewusstes Essen.

Umgekehrt sollten Sie darauf achten, nicht zum „Auftragskoch" Ihres Kindes zu werden und nur das auf den Tisch zu bringen, was sich das Kind wünscht. Denn dieses Prozedere ist auf Dauer anstrengend und fördert die mäkeligen Essgewohnheiten Ihres Kindes unnötig. Das heißt andererseits natürlich nicht, dass man Kinder zwingen sollte, Dinge zu essen, die sie nicht mögen. Jeder Mensch hat Vorlieben und Abneigungen, und Letztere sollte man durchaus respektieren, sofern sie nicht allzu zahlreich oder nicht mehr nachvollziehbar sind.

### So helfen Sie Ihrem Kind

Hier sind einige Tipps, wie Sie die Familienmahlzeiten für alle zu einer positiven Erfahrung machen können:

**Akzeptieren Sie Abneigungen.**
Akzeptieren Sie, dass es Lebensmittel und Gerichte gibt, die Ihr Kind nicht mag, und erlauben Sie ihm, diese nicht zu essen. Am besten servieren Sie diese Gerichte nicht als Hauptmahlzeit bzw. bieten Ihrem Kind eine Alternative. Meine älteste Tochter beispielsweise hasst Lachs, allein vom Geruch wird ihr übel. Diese Abneigung hatte sie schon als Kleinkind. Lachs gibt es bei uns nur, wenn sie nicht zu Hause ist.

Achten Sie darauf, dass Ihr Kind wenigstens einen Teil der Mahlzeit mag. Aber geben Sie ihm dieses Teil nicht in rauen Mengen, sondern gerade genug, dass der größte Hunger damit gestillt ist und es vielleicht noch etwas anderes probiert.

**Verwerten Sie geschickt Reste.**
Servieren Sie wenn möglich Überbleibsel vom Vortag – so bieten Sie Ihrem Kind eine alternative Wahlmöglichkeit. Wenn es heute beispielsweise Rosenkohl gibt, den Ihr Kind hasst, können Sie ihm die grünen Bohnen von gestern anbieten.

**Planen Sie im Voraus.**
Lassen Sie es nicht zu, dass das schwierige Essverhalten Ihres Kindes bei jeder Mahlzeit zu einem Kampf führt. Planen Sie im Voraus, um spätere Machtkämpfe zu vermeiden. Machen Sie bei Tisch das Essen nicht zum Streitpunkt – so kommt nur schlechte Stimmung auf, wo das Essen im Familienkreis doch eine positive Erfahrung sein sollte.

---

Mary, Mutter der dreijährigen Annika

### » Freunde im Bauch

Ein Trick, der bei uns toll funktioniert hat, war, die Fantasie unserer Tochter in die Mahlzeiten einzubeziehen. Wenn es Brokkoli gibt, kündigen wir ihr an, dass es in ihrem Bauch eine „Brokkoli-Party" gibt – und mit jedem Bissen kommt etwas zur Party hinzu, zum Beispiel ein Kuchen, Kerzen, Luftballons, bunte Servietten. Manchmal erzähle ich ihr auch, dass das Hühnchen auf ihrem Teller sich allein fühlt und zu seinen Freunden in ihrem

Bauch will. Es wirkt wahre Wunder, sie durch ihre Fantasie zu motivieren. Ich schaffe das zwar nicht bei jeder Mahlzeit, aber manchmal hilft das wirklich, wenn sie etwas auf ihrem Teller nicht so gerne mag.«

## Servieren Sie mit Stil

» *Ganz gleich, was ich meinem Sohn auf den Teller geben – er nörgelt. Entweder ist es zu viel oder es schmeckt ihm nicht. Jede Mahlzeit artet in ein großes Theater aus!«*

### Das sollten Sie wissen

Oft isst ein Kind bereitwilliger, wenn es die Kontrolle darüber hat, was und wie viel davon sich auf seinem Teller befindet.

### So helfen Sie Ihrem Kind

**Erlauben Sie Selbstbedienung.**
Geben Sie Ihrem Kind das Essen nicht auf den Teller! Bringen Sie die Gerichte auf Platten oder in Schüsseln auf den Tisch und erlauben Sie Ihrem Kind, sich selbst zu bedienen. Wenn Ihr Kind noch zu klein ist, um sich selbst aufzugeben, lassen Sie es auf die Speisen deuten, die es mag, und geben Sie ihm so viel auf, wie es verlangt – nicht mehr.

Natürlich können Sie ruhig einige Regeln aufstellen, zum Beispiel: Wer sich Nudeln aufgibt, muss auch ein bisschen Gemüse nehmen. So können Sie Ihr Kind ermuntern, von allem zu probieren – aber lassen Sie es selbst entscheiden, wie viel von jedem Gericht es sich aufgibt.

**Gestalten Sie eine Speisekarte.**
Eine lustige Alternative, die man von Zeit zu Zeit anbieten kann, ist, eine Speisekarte auf ein Blatt Papier zu schreiben, auf der das Kind ankreuzen darf, was es später essen möchte. Dies ist auch eine gute Methode, einmal pro Woche alle Reste aus dem Kühlschrank zu verwerten. Außerdem ist dies eine gute Leseübung für Ihr Kind.

Cindy, Mutter des zweijährigen Isaac

### » In guter Gesellschaft

Arrangieren Sie ab und zu mal eine Mahlzeit mit einem gleichaltrigen Kind, das ein „guter Esser" ist. Wenn Ihr Kind ein anderes Kind sieht, das ruhig auf seinem Stuhl sitzt und mit Vergnügen Gemüse verspeist, will es ihm ja vielleicht nacheifern.«

## Lassen Sie Ihr Kind bei der Zubereitung helfen

» *Meine Jungs scheinen sich nicht im Geringsten für Essen zu interessieren. Die Mahlzeiten sind ihnen völlig egal, und sie machen regelmäßig Aufstände, wenn wir sie zu Tisch rufen.«*

### Das sollten Sie wissen

Es ist ganz normal, dass sich Kinder wenig bis überhaupt nicht für die Mahlzeiten interessieren. Sie spielen viel lieber als am Tisch zu sitzen und zu essen. Im Gegensatz zu uns Erwachsenen, die wir die Mahlzeiten auch als soziales Ereignis betrachten, ziehen Kinder recht wenig Vergnügen aus einem liebevoll zubereiteten Essen.

### So helfen Sie Ihrem Kind

Natürlich ist es wichtig, dass Kinder zu Tisch kommen und essen. Deshalb hier einige Tricks, wie Sie Ihrem Kind die Mahlzeiten schmackhaft machen können.

#### Ihr Kind entscheidet mit.

Beziehen Sie Ihr Kind von Anfang an ein. Fragen Sie Ihr Kind nach seinen Wünschen, wenn Sie den wöchentlichen Speiseplan zusammenstellen. Nehmen Sie es zum Einkaufen mit, lassen Sie es die Produkte aus dem Regal nehmen. Lassen Sie Ihr Kind entscheiden, welche Nudelform am Abend auf den Tisch kommt, welche Suppe es gibt. Lassen Sie es zwischen zwei Optionen wählen, bevor Sie zu kochen beginnen. Wenn Ihr Kind ein Mitspracherecht hat, wird es wahrscheinlich mehr Interesse am Essen entwickeln.

#### Ihr Kind hilft mit.

Lassen Sie Ihr Kind in der Küche mithelfen. Selbst ein Dreijähriges kann schon Marmelade aufs Brot streichen und die Enden von Bohnen abknipsen. Ältere Kinder lieben es, die Ärmel hochzurollen und richtig beim Kochen mitzuhelfen. Wenn Ihr Kind fleißig mitgemacht hat, wird ihm das Essen sicher auch viel besser schmecken.

#### Ihr Kind plant mit.

Beziehen Sie Ihr Kind ab und zu in die Planung und Zubereitung eines kompletten Menus ein. Nehmen Sie sich das an einem Tag vor, an dem Sie viel Zeit haben. Gehen Sie ganz entspannt vor und sehen Sie die Aktion auch als Stärkung der Eltern-Kind-Bindung. Es ist nicht schlimm, wenn etwas verschüttet wird, wenn die Zutaten nicht ganz exakt abgemessen sind und wenn alles dreimal so lang dauert. Die Aktion hat sich in jedem Fall gelohnt, wenn Sie das glückliche und stolze Gesicht Ihres Kindes bei Tisch beobachten können – und wenn Sie sehen, wie gut es ihm schmeckt.

#### Wagen Sie neue Orte.

Wählen Sie mal einen anderen Ort für die Mahlzeiten aus – und schon werden Ihre Kinder großes Interesse am Essen bekommen. Breiten Sie eine Decke im Wohnzimmer, auf der Terrasse oder im Garten aus und veranstalten Sie ein Picknick. Eine meine Testmütter berichtete mir, dass sie ihrer Tochter das Essen zu Abwechslung einmal in der (nicht gefüllten) Badewanne serviert habe. Und ein Testvater erzählte mir von einem Picknick unter dem Esstisch.

#### Werden Sie zum Gärtner.

Ziehen Sie auf der Terrasse Tomaten oder Kräuter auf der Fensterbank. Wenn Sie einen Garten besitzen, können Sie auch ein richtiges Gemüsebeet anlegen (Erdbeeren nicht vergessen!). Lassen Sie jedes Ihrer Kinder eine oder mehrere Pflanzen „adoptieren", für die sie anschließend verantwortlich sind. Kindern macht es Spaß, Pflanzen zu gießen und Unkraut zu zupfen. Kinder lieben es, selbst Gemüse anzubauen – so wird aus der Taktik, sie für Gemüse und Obst auf dem Teller zu begeistern, ganz nebenbei auch noch ein „wissenschaftliches" Projekt.

---

Lisa, Mutter der 18 Monate alten Emily

### » Essen in großer Runde

Eine Sache funktioniert bei meiner äußerst mäkeligen Tochter, die oft jegliches Essen ablehnt, tatsächlich. Um sie zum Essen zu ermuntern, laden wir „kleine Freunde" zu Tisch ein: ihre Lieblingspuppe, ein Kuscheltier oder ein Spielzeug, das sie an diesem Tag besonders mag. Wir bieten ihrem kleinen Freund einen Happen an – und

mein Garten

dann nimmt unsere Tochter mit Vergnügen den nächsten Bissen. Wenn Sie das Essen jedoch immer noch ablehnt, erklärt ihr die Puppe, wie lecker das Essen ist und wie gut es ihrem Bauch tut. Und meist kann unsere Tochter dann auch nicht widerstehen. Sie liebt es auch, ihre Puppe zu füttern oder uns einzelne Bissen in den Mund zu schieben. Wenn Sie sieht, wie gut uns das Essen schmeckt, ermuntert sie das ebenfalls zu essen.«

## Führen Sie Routinen rund ums Essen ein

» *Gemeinsame Mahlzeiten sind bei uns selten und unregelmäßig, wie es eben gerade passt in einem hektischen Alltag mit drei Kindern. Manchmal setzen wir uns alle zusammen an den Tisch, aber meistens nimmt sich jeder etwas aus dem Kühlschrank und isst schnell im Stehen. Würde es den Aufwand lohnen, die ganze Familie einmal täglich zu einer Mahlzeit am Tisch zu versammeln?«*

### Das sollten Sie wissen

Ja, dieser Aufwand lohnt sich in jedem Fall! Und dafür gibt es mehr als nur einen Grund, insbesondere bei einer Familie mit einem so turbulenten Alltag wie Ihrem.

Es gibt zahlreiche Studien, die das Ritual der Familienmahlzeiten untersuchen. Sie kamen zu folgenden Schlüssen:

- In Familien, die häufig gemeinsam zu Abend essen, werden mehr Vollkornprodukte, wird mehr Gemüse und Obst verzehrt als in Familien, in denen die Mitglieder vorwiegend separat essen. Versammeln sich alle um einen Tisch, fällt also auch die Ernährung gesünder aus.
- Kinder, die im Kreis ihrer Familie essen, probieren lieber Neues aus – wahrscheinlich weil sie sehen, dass die anderen Unterschiedliches essen.
- Regelmäßige Familienmahlzeiten sind für Kinder ein Schlüssel zu einer gesünderen Zukunft – und nicht nur, was die Ernährung anbetrifft. Kinder, die mit festen Mahlzeiten aufwachsen, erkranken mit geringerer Wahrscheinlichkeit an Essstörungen und ernähren sich auch in späteren Jahren gesünder. Kinder, die täglich zusammen mit ihren Eltern am Tisch sitzen, werden zeitlebens weniger anfällig für die Verlockungen von Nikotin, Alkohol und Drogen sein, werden seltener an Depressionen erkranken und mit großer Wahrscheinlichkeit eine erfolgreichere Schulkarriere hinlegen. Im *Journal of Adolescent Health* war sogar zu lesen, dass Teenager, in deren Familien regelmäßig gemeinsame Mahlzeiten eingenommen werden, sexuell weniger aktiv sind als Teenager, die keine Familienmahlzeiten kennen. Eine vom Boston College durchgeführte Studie zeigte, dass Teenager, die viel Zeit im Kreise der Familie verbringen, engere Beziehungen zu ihren Eltern haben, was wiederum zu einer besseren Kommunikation und einer profunderen Entscheidungsfindung führt.

Martha Marino, M.A., R.D., C.D., und Sue Butkus, Ph.D., R.D., Washington State University

### » Gelungener Versuch

Oprah Winfrey hat ein Experiment in Sachen Familienmahlzeiten durchgeführt. Fünf freiwillige Familien erklärten sich bereit, einen Monat lang jeden Abend gemeinsam in der jeweiligen Familie zu essen und dabei mindestens eine halbe Stunde lang zusammen am Tisch zu sitzen. Im Rahmen des Versuchs hielten alle Familienmitglieder in einer Art Tagebuch ihre Gefühle und Erfahrungen fest. Zu Beginn war das gemeinsame Essen für die meisten nicht mehr als eine lästige Pflicht und jeder schaute auf die Uhr, wann denn die halbe Stunde vorbei sei. Doch am Ende des Monats waren alle Familien happy und nahmen sich vor, das gemeinsame Abendessen fortzuführen, wenn auch nicht immer täglich. Am Ende des Experiments gaben die meisten Eltern an, dass es für sie am erstaunlichsten war, wie sehr die Kinder die verlässlichen gemeinsamen Mahlzeiten mit den Eltern genossen.«

### So helfen Sie Ihrem Kind

Wenn gemeinsame Mahlzeiten in Ihrer Familie bislang noch kein festes Ritual sind, helfen Ihnen die folgenden Tipps bei der Einführung dieser neuen Routine:

**Planen Sie zunächst nur zwei Abende.**
Machen Sie einen Anfang, indem Sie sich zunächst ein oder zwei Abende pro Woche für das Familienessen frei halten. Suchen Sie sich die ruhigeren Tage aus, an denen alle zu Hause sind.

**Essen Sie nicht zu spät.**
Essen Sie früh genug, sodass niemand vorab Hunger hat und sich mit Snacks den Magen füllt – aber auch nicht so spät, dass alle schon einen knurrenden Magen und die damit verbundene schlechte Laune haben.

**Bieten Sie jedem etwas.**
Wählen Sie Gerichte aus, die alle mögen, oder bringen Sie zumindest für jeden etwas auf den Tisch, das er mag.

**Servieren Sie das Beste zum Schluss.**
Servieren Sie nach dem Essen einen Nachtisch – und hier liegt das Geheimnis: Teilen Sie nur kleine Portionen aus, sodass die Kinder nicht das Hauptgericht stehen lassen, um möglichst viel Platz fürs Dessert zu lassen. Und: Machen Sie den süßen Abschluss nicht automatisch zum Teil jeder Mahlzeit, denn dann baut sich bei Ihren Kindern eine Erwartungshaltung auf. Wechseln Sie stattdessen öfter mal zwischen Süßspeisen, Obst, Joghurt und Käse ab.

**Lassen Sie keine Hektik aufkommen.**
Lassen Sie sich genug Zeit zum Essen, aber dehnen Sie die Familienmahlzeiten nicht über Gebühr aus. Das führt oft zu Langeweile und Genörgel.

**Kein Streit am Tisch**
Achten Sie auf eine leichte, angenehme Unterhaltung. Vermeiden Sie negativ belastete oder kontroverse Themen, insbesondere solche, die sich um das Essverhalten oder die Tischmanieren Ihrer Kinder drehen. Bis sich die Familienmahlzeit eingespielt hat und zum festen Bestandteil des Tages geworden ist, sollte sie in jedem Fall eine positive Erfahrung für alle sein.

**Üben Sie keinen Druck aus.**
Ermutigen Sie alle, zu den Essenszeiten da zu sein und an der Mahlzeit teilzunehmen, aber seien Sie nicht zu fordernd und üben Sie keinen Druck aus. Wenn jemand beruflich verhindert ist oder eine Schul- oder Sportveranstaltung hat, kommen an diesem Tag eben alle anderen zusammen.

**Suchen Sie passende Wege.**
Wenn die Arbeitszeiten eines Elternteils mit einem frühen, kinderfreundlichen Abendessen kollidieren, suchen Sie einen anderen Weg. Vielleicht können Sie das Essen so terminieren, dass der spätere Elternteil wenigstens rechtzeitig zu einem gemeinsamen Nachtisch zu Hause ist. Oder Sie führen das gemeinsame Frühstück als Familienmahlzeit ein. Das Minimum sollte sein, zumindest an den Wochenende regelmäßig alle um einen Tisch zu versammeln. Vielleicht finden Sie auch andere Tageszeiten und Aktivitäten, die sich als Familienaktion anbieten, zum Beispiel gemeinsame Spaziergänge, Brettspiele oder Spiele im Freien.

## Frühstück für Morgenmuffel

» *Meine Tochter braucht morgens ewig, bis sie wach ist, und hat dann erst einmal keinen Appetit. Zu Mittag isst sie sehr gut. Sollte ich trotzdem auf dem Frühstück bestehen?«*

### Das sollten Sie wissen

Es gibt einige sehr gute Gründe, die für ein Frühstück sprechen. Je nachdem, wann es Abendessen gab, hat das Kind bis zum nächsten Morgen zwölf bis 18 Stunden nichts zu essen bekommen. Wenn es nach dieser langen Zeit nichts isst, übergeht es den Hunger und hat möglicherweise den Eindruck, dass es gar nicht hungrig ist.

Entwickelt Ihr Kind nur langsam Hunger und isst erst ein, zwei Stunden nach dem Aufwachen, wird dies zur Gewohnheit. Diese späte Frühstücksroutine, Tag für Tag, stellt seine „innere Hungeruhr" neu und führt dazu, dass das Kind morgens gar keinen Hunger empfindet. Da jedoch das Frühstück für die Gesundheit und das Wohlbefinden eines Kindes enorm wichtig ist, müssen Sie der „Hungerwecker" Ihres Kindes sein – so lange, bis es selbst ein entsprechendes Muster entwickelt.

### So helfen Sie Ihrem Kind

**Bieten Sie ein leichtes Frühstück an.**
Ein Kind, das keine Lust auf Essen hat, wird das Frühstück rundweg ablehnen. Zwecklos, es vom Gegenteil zu überzeugen. Bieten Sie Ihrem Kind stattdessen immer wieder eine Art leichten Snack an, zum Beispiel einen Smoothie aus Joghurt, Milch und Obst, Marmeladentoast oder Knuspermüsli mit Joghurt und Obst.

**Seien Sie offen für ungewöhnliche Wünsche.**
Denken Sie auch einmal außerhalb des gewohnten Rasters. Manche Kinder lieben ungewöhnliches zum Frühstück, zum Beispiel Nudeln, Reis oder sogar ein deftig belegtes Sandwich. Je kreativer und kompromissbereiter Sie in Sachen Frühstück sind, desto größer ist die Wahrscheinlichkeit, dass Ihr Kind etwas isst – auch wenn es scheinbar keinen Hunger verspürt.

**Programmieren Sie den Hungerwecker.**
Bieten Sie diesen „Morgensnack" immer zur exakt selben Zeit an, nämlich 15 bis 20 Minuten nach dem Aufstehen. Wenn Sie diesen Zeitplan eine Weile konsequent einhalten, wird sich auch der „Hungerwecker" Ihres Kindes entsprechend einstellen. Und irgendwann wird Ihr Kind jeden Tag zur selben Zeit nach seinem Frühstück verlangen.

## Bieten Sie Snacks an – aber gesunde

» *Jedes Mal wenn ich die Küche betrete, steht mein Vorschulkind vor der Speisekammer und sucht nach Essbarem. Er stopft sich mit Crackern, Chips und Keksen voll – und mittags bei Tisch isst er nichts mehr!«*

### Das sollten Sie wissen

Zwischenmahlzeiten sind für Kinder wichtig, denn ihr Magen ist noch sehr klein und es ist schwierig, viele Stunden ohne zu essen zu überbrücken. Es kommt nur darauf an, wie der Snack zwischen den Hauptmahlzeiten aussieht! Dieses Problem lässt sich einerseits kinderleicht lösen, ist andererseits in vielen Familien aber eine große Herausforderung. Die einfache Antwort: Kaufen Sie anders ein und legen Sie andere Dinge in Ihre Speisekammer! Oder setzen Sie zeitliche Grenzen für die Zwischenmahlzeiten – ein bis zwei Stunden vor der Hauptmahlzeit wird nichts mehr gegessen. Bringen Sie süße, fettige Snacks außer Reichweite des Kindes. Zwischenmahlzeiten sind sinnvoll, wenn sie aus Gesundem bestehen und zeitlich so liegen, dass sie die Hauptmahlzeiten nicht beeinträchtigen. Die größte Herausforderung besteht darin zu sehen, wann und was Sie selbst zwischendurch essen! Um Ihr Kind von Karotten und Äpfeln als gesunden Snack zwischendurch (und nicht direkt vor der Hauptmahlzeit) zu überzeugen, müssen Sie mit gutem Beispiel vorangehen.

Ist Ihr Kind wirklich schon hungrig, während Sie noch kochen, bieten Sie ihm am besten Rohkost mit einem Dip, Apfelschnitze oder ein Schälchen Suppe an, bis das Essen fertig ist.

### So helfen Sie Ihrem Kind

Wenn Ihr Kind genau zwischen zwei Hauptmahlzeiten Hunger bekommt, sollte es in jedem Fall einen reichlichen und nährstoffreichen Snack bekommen. Verlangt Ihr Kind nach etwas Ungesundem, versuchen Sie, etwas Ähnliches, aber Gesundes anzubieten. Hier ein paar Tipps für den Umstieg auf gesunde Zwischenmahlzeiten:

CHIPS
KEKSE

### Gesunde Alternativen für Snacks

| Wenn Ihr Kind dies mag … | … bieten Sie ihm folgende gesunde Alternative an: |
|---|---|
| Pommes frites | Gebackene Süßkartoffeln oder Kürbis-Chips |
| Pizza | Fladenbrot mit klein geschnittenem Gemüse, magerem Putenschinken und fettreduziertem Mozzarella-Käse |
| Eiscreme | Sorbet, Fruchteis oder gefrorenes Obst wie Banane oder Trauben (gut aufpassen, an Letzteren kann sich ein Kleinkind verschlucken!) |
| Gummibärchen oder Kaubonbons | Dörrobst, Fruchtleder |
| Milchshakes | Selbst gemachte Smoothies mit Magermilch, Joghurt, frischem Obst und Eis, oder gefrorene Bananen und Erdbeeren, die man mit Soja- oder Mandelmilch püriert |
| Chips | Geröstete Pitabrotscheiben, Vollkornbrezeln, gebackener Kohl |
| Kekse | Vollkorncracker, Pumpernickel, Riegel aus getrockneten Feigen oder selbst gebackene Kekse aus gesunden Zutaten |
| Cracker | Geröstete Brotscheiben oder -sticks, geröstete Tortillafladen, zuckerreduzierte Vollkornzerealien |

## Versuchen, versuchen und nochmals versuchen

*» Ist es wahr, dass man einem Kind Neues immer wieder anbieten muss, bevor es dies akzeptiert? Falls das stimmt, wie kann ich meinen kleinen Mäkler am besten von etwas Neuem überzeugen?«*

### Das sollten Sie wissen

Ja, das stimmt! Nicht besonders experimentierfreudigen Kleinkindern muss man Neues nicht selten 15 bis 20 Mal anbieten, bevor sie es überhaupt probieren. Kinder hängen sehr an Gewohntem und sind gegenüber Ungewohntem extrem misstrauisch – das gilt auch für Nahrung. Hat ein Lebensmittel oder Gericht ein ungewöhnliches Aussehen, einen fremden Geruch, eine seltsame Farbe oder Konsistenz, so wirkt dies auf ein kleines Kind abschreckend. Deshalb helfen immer wieder neue Anläufe. Auf diese Weise wird das Ungewohnte vertraut. Erst dann wird das Kind es probieren und unvoreingenommen beurteilen.

### So helfen Sie Ihrem Kind

Wenn man dies weiß, kann man einen Plan entwickeln, wie man das Kind allmählich mit Neuem vertraut macht. Hier sind einige Tipps:

**Bieten Sie kleine Probierhäppchen an.**
Legen Sie zunächst ein winziges Stückchen des neuen Lebensmittels (zum Beispiel zwei Kichererbsen oder einen Rosenkohl) auf den Teller Ihres Kindes, zusammen mit einem ge-

wohnten Lieblingsessen. Gehen Sie nicht davon aus, dass Ihr Kind das neue Ding probiert und kommentieren Sie es auch nicht, wenn Ihr Kind es beiseiteschiebt, wenn es Bemerkungen über das Aussehen oder den Geruch abgibt oder wenn es das unbekannte Objekt mit der Gabel untersucht oder zerdrückt. Erlauben Sie Ihrem Kind zu experimentieren – das ist der erste Schritt zum Akzeptieren. Wenn Sie das neue Lebensmittel acht bis zehn Mal auf den Teller Ihres Kindes gelegt haben und Ihr Kind es noch immer nicht probiert hat, ermuntern Sie es sanft mit einer Aufforderung wie „Wenigstens mal probieren" oder „Nur ein Häppchen".

Melissa, Mutter der fünfjährigen Brenna, des vierjährigen Gianni, des zweijährigen Giulio und der neun Monate alten Brydie

## » Das Dessert als Schatz

Um meine Kinder mit etwas Neuem vertraut zu machen, veranstalte ich eine Art Schatzsuche. Während die Kinder in ihrem Zimmer spielen, verstecke ich überall im Haus Lebensmittel (bekannte und neue) und lege in jedes Versteck einen Hinweis, der zum nächsten Versteck führt. Wenn sie ein Lebensmittel nicht probieren, bekommen sie auch nicht den Hinweis, wie sie das nächste finden können. Ich versuche, immer nur zwei neue oder weniger beliebte Nahrungsmittel und drei, die sie gerne mögen, zu verstecken. Und der Schatz, die Belohnung ganz am Schluss, ist immer ein Dessert.«

**Bleiben Sie geduldig.**
Suchen Sie ein oder zwei neue Nahrungsmittel aus und legen Sie jeweils eines davon über mehrere Monate hinweg drei bis vier Mal pro Woche auf den Teller Ihres Kindes. Wenn Ihr Kind es oft genug gesehen hat, wird es dies vielleicht probieren wollen.

**Seien Sie Vorbild.**
Lassen Sie Ihr Kind zuschauen, wie Sie selbst dieses neue Nahrungsmittel „probieren". Bemerken Sie, für Ihr Kind hörbar, zu Ihrem Partner, wie gut das neue Gericht, das neue Obst etc. schmeckt. Studien haben gezeigt, dass Kinder viel eher geneigt sind, ein neues Nahrungsmittel zu probieren, wenn ihre Eltern oder andere Bezugspersonen dieses sehr gerne – nicht nur aus Pflichtbewusstsein, sondern wirklich – mögen.

Wenn ein anderer Erwachsener mit am Tisch sitzt, bieten Sie diesem eine Kostprobe des neuen Gerichts oder Nahrungsmittels an. Machen Sie vorher mit ihm aus, dass er es tatsächlich kostet und lobt. Wenn Ihr Kind sieht, dass eine andere Person so experimentierfreudig ist, dieses Neue zu probieren, wird es ihr vielleicht nacheifern wollen.

Catherine, Mutter des achtjährigen Ben und der vierjährigen Birdy

## » Gewöhnung ist alles

Immer wieder habe ich meinem Sohn Kohl auf den Teller gelegt. Er probierte ihn, zog eine Grimasse und wir lobten ihn ausgiebig dafür, dass er gekostet hatte. Und dann, Monate später, aß er den Kohl plötzlich ohne einen Kommentar. Und noch einmal Monate später bemerkte er unvermittelt »Das schmeckt gar nicht so schlecht wie ich dachte«. Ich war happy.«

Vorkoster

**Bieten Sie Neues als Vorspeise an.**
Nachdem Ihr Kind das neue Lebensmittel gekostet und es jedenfalls nicht ausgespuckt hat, bieten Sie dieses als kleine Vorspeise vor dem Abendessen an. Wenn Ihr Kind Hunger hat und dieses das erste ist, was man ihm anbietet, wird es möglicherweise ein, zwei Häppchen davon essen.

## Ziehen Sie eine Wochenbilanz

» *Insgesamt betrachtet ernährt sich meine Tochter recht ausgewogen, aber an manchen Tagen scheint sie gar nichts essen zu wollen. Diese „mageren Tage" machen mir Sorgen.«*

### Das sollten Sie wissen

Es ist ganz normal, dass Kinder an manchen Tagen hungriger sind als an anderen. Das kann die unterschiedlichsten Gründe haben. An manchen Tagen bewegt sich Ihre Tochter mehr – dann hat sie logischerweise auch mehr Hunger. Andererseits könnte sie auch so beschäftigt und abgelenkt sein, dass sie das Essen ganz vergisst. An anderen Tagen isst sie möglicherweise kalorien- oder ballaststoffreiche Kost, von der kleinere Mengen zum satt werden reichen. Außerdem vollzieht sich das Wachstum von Klein- und Vorschulkindern ungleichmäßig. Es schwankt zwischen Schüben und Stillständen. Analog zu diesen Phasen verändert sich auch der Nahrungsbedarf Ihres Kindes.

### So helfen Sie Ihrem Kind

**Betrachten Sie längere Zeiträume.**
Ihr Ziel ist es, Ihrem Kind Tag für Tag eine ausgewogene, gesunde Ernährung zu bieten, und zwar zu allen Haupt- und Zwischenmahlzeiten. Das ist das Ziel, wohlgemerkt. Die Realität sieht so aus, dass Ihr Kind nicht immer das Angebotene essen wird und dass Sie nicht jeden Krümel überwachen können, den Ihr Kind zu sich nimmt. Außerdem schwankt der Nahrungsbedarf von Kindern von Tag zu Tag leicht. Daher ist es praktischer, die Ernährung Ihres Kindes auf wöchentlicher Basis im Auge zu behalten. Und wenn Sie die Ernährung Ihres Kindes so betrachten, werden Sie erstaunt sein, wie ausgewogen und gesund sie über einen längeren Zeitraum hinweg ist.

## Entwerfen Sie einen individuellen Plan

» *Ich versuche immer, meinem Kind drei Haupt- und zwei Zwischenmahlzeiten anzubieten. An manchen Tagen frühstückt mein Sohn ordentlich, isst auch gut zu Mittag und verzehrt gesunde Zwischenmahlzeiten, hat dann aber abends keinen Hunger mehr. Sollte ich den Ablauf verändern und eine Zwischenmahlzeit streichen, sodass der Zeitraum zwischen zwei Hauptmahlzeiten größer wird?«*

### Das sollten Sie wissen

Da Ihr Sohn morgens, mittags und auch zwischendurch gut isst, bekommt er mit großer Wahrscheinlichkeit alles, was er braucht und wann er es braucht. Ich würde die Zeitspanne zwischen zwei Hauptmahlzeiten nicht verlängern. Es ist offensichtlich, dass er in der aktiven Phase des Tages ausreichend isst und eher dann herunterfährt, wenn auch seine Aktivität nachlässt. Es ist bei vielen Kindern normal, dass sie nur zwei Hauptmahlzeiten zu sich nehmen und darüber hinaus zwei bis drei kleinere Snacks.

Viel wichtiger ist die Tatsache, dass Ihr Kind alle zwei bis drei Stunden etwas zu sich nimmt und dass seine tägliche Kalorienzufuhr den Bedarf abdeckt, den seine körperliche und geistige Entwicklung erfordert. Die Idee von drei Haupt- und zwei Zwischenmahlzeiten ist nur eine grobe Richtschnur. Manche Kinder bevorzugen zwei Haupt- und drei Zwischenmahlzeiten oder gar nur eine Haupt- und vier Zwischenmahlzeiten. Solange die Ernährung in sich ausgewogen ist und solange Ihr Kind genug Energie besitzt, funktioniert der individuelle Plan.

### So helfen Sie Ihrem Kind

**Machen Sie Angebote.**
Wenn Sie feststellen, dass Ihr Kind gegen Abend stark abbaut, dass es zu Genörgel und Wutanfällen neigt, dann ist dies ein Zeichen dafür, dass es entweder mehr Schlaf oder mehr Nahrung braucht. Überdenken Sie die Schlafenszeiten Ihres Kindes – ist der Mittagschlaf ausreichend lang? Experimentieren Sie auch mit dem Abendessen. Bieten Sie Ihrem Kind eine einfache, leicht zu verzehrende Mahlzeit an, die mehr wie eine unkomplizierte Zwischenmahlzeit wirkt, zum Beispiel Haferflocken Milch und Obst, Käsetoast oder Müsli mit Joghurt.

## Realistische Erwartungen

» *Mein Kleiner bleibt einfach nicht beim Essen sitzen. Zehn Minuten hält er es am Tisch aus, aber nicht die ganze Mahlzeit. Dann verliert er das Interesse, steht auf und läuft herum. Wenn wir ihn bitten, sitzen zu bleiben, beginnt er zu nörgeln und zu quengeln.«*

### Das sollten Sie wissen

Wow! Ihr Kleinkind bleibt zehn Minuten am Tisch sitzen? Glückwunsch! Das ist eine ganz schön lange Zeit für einen so kleinen Burschen! In diesem Alter sind die Mahlzeiten für ein Kind alles andere als ein Vergnügen. Der kindliche Appetit ist gering und die Portionen, die es verspeist, ebenso. Verlangt man von einem Kind, still sitzen zu bleiben, bis die Eltern fertig sind, wird die Mahlzeit für alle Beteiligten schnell zu einer unerfreulichen Erfahrung. Viel besser ist es, seine Erwartungshaltung der Realität anzupassen. Genießen Sie die zehn Minuten, die alle gemeinsam am Tisch sitzen, und erlauben Sie Ihrem Kind aufzustehen, sobald es fertig gegessen hat. Auf diese Weise verlaufen zumindest diese zehn Minuten harmonisch und stressfrei. Je älter Ihr Kind wird, desto länger können Sie erwarten, dass es am Tisch sitzen bleibt.

### So helfen Sie Ihrem Kind

Wenn Sie jetzt feste Routinen rund um die Mahlzeiten einführen möchten, dürfen Sie keine Perfektion erwarten. Hier sind einige Tipps:

**Strapazieren Sie nicht die Geduld.**
Rufen Sie Ihr Kind erst zu Tisch, wenn alle Speisen aufgetragen sind. So ersparen Sie ihm unnötiges Warten vor dem leeren Teller und strapazieren seine Geduld nicht übermäßig.

**Schaffen Sie Ordnung auf dem Teller.**
Geben Sie Ihrem Kind einen kleineren Teller und nur kleine Portionen, aber von jedem etwas. Achten Sie darauf, dass sich die unterschiedlichen Beilagen nicht vermischen (das ist für viele Kinder unappetitlich und unüber-

sichtlich), sondern fein säuberlich voneinander getrennt auf dem Teller Platz finden.

**Bieten Sie Zwischenmahlzeiten an.**
Achten Sie darauf, dass Ihr Kind in regelmäßigen Abständen über den Tag verteilt mehrere Haupt- und Zwischenmahlzeiten einnimmt. Betrachten Sie die fünf bis sechs Mini-Mahlzeiten als „gut verdauliche" Etappen auf dem Weg zum täglichen Ernährungsziel.

**Erzeugen Sie Spannung.**
Möchte Ihr Kleinkind überhaupt nicht essen, versuchen Sie es mit einem anderen Stuhl. Sitzt es noch in seinem Hochstuhl, wechseln Sie eventuell auf einen normalen Stuhl mit Sitzerhöhung. Oder Sie stellen ihm einen kleinen Tisch (zum Beispiel einen Picknicktisch für Kinder) neben den Familientisch. Diese neue, spannende Situation weckt vielleicht wieder sein Interesse an den Mahlzeiten.

**Lassen Sie Ihr Kind mitreden.**
Ihr Kind wird viel lieber am Tisch sitzen und länger sitzen bleiben, wenn man es in die Unterhaltung einbezieht. Wenn nur die Erwachsenen reden und die Kinder still zuhören (wie es so oft der Fall ist), verlieren die Kinder schnell die Lust an den Familienmahlzeiten. Dürfen die Kinder mitreden, sind die Mahlzeiten auch für die Kleinen sehr viel interessanter und abwechslungsreicher.

**Beschäftigen Sie Ihr Kind.**
Sie wollen Ihrem Kind beibringen, am Tisch sitzen zu bleiben, bis alle die Mahlzeit beendet haben? Dann räumen Sie sein Gedeck ab und geben ihm ein Spielzeug oder Papier und Stifte, damit es ihm nicht langweilig wird. Auf diese Weise begreift das Kind die Mahlzeit als feste Größe in seinem Leben und gewöhnt sich an die damit verbundenen Abläufe.

## Ein bisschen Naschen ist erlaubt – mit Regeln

» *Unsere Zwillinge essen bei Tisch nicht wirklich gut, sie holen sich ihre Kalorien zwischendurch beim Naschen. Ich habe gehört, dass man dies unbedingt unterbinden sollte. Stimmt das?«*

### Das sollten Sie wissen

Wenn Naschen bei Ihnen bedeutet, dass die Kinder fünf bis sechs Mal pro Tag eine gesunde Zwischenmahlzeit zu sich nehmen, ist Naschen durchaus erlaubt. Oft ist es aber so, dass Kinder im Lauf des Tages viel Ungesundes wie Cracker, überzuckerte Riegel, Kekse, Käse und süße Limonaden konsumieren. Diese Angewohnheit fällt aus verschiedenen Gründen nicht unter „gesundes Essverhalten".

Das erste Problem mit dieser Art von Snacks besteht darin, dass die Kinder einen großen Teil ihres Kalorienbedarfs mit nährstoffarmen Produkten decken. Kinder neigen zu kohlenhydratreichen Naschereien, die den Hunger schnell abstellen. Diese Kinder empfinden oft kein echtes Hungergefühl mehr. Sie mümmeln zwischendurch fröhlich die Leckereien und sitzen später ohne Appetit am Tisch. Und: Sie werden niemals einen mäkeligen kleinen Esser davon überzeugen können, etwas Neues zu probieren, wenn kein Hunger im Spiel ist.

Hinzu kommt, dass kontinuierliches Naschen über den ganzen Tag verteilt das kindliche Verdauungssystem durcheinander bringt, das pausenlos mit der zugeführten Nahrung klar kommen muss. Unser Verdauungssystem funktioniert am besten, wenn es Zeit hat, eine Mahlzeit zu verarbeiten, bevor die nächste kommt.

Ein weiteres Problem ununterbrochenen Naschens ist, dass es zu einem unreflektierten Essverhalten führt. Kinder, die im Autositz, vor dem Fernseher, beim Lesen automatisch vor sich hin mümmeln, treffen keine bewussten Essentscheidungen, die beispielsweise mit Hunger oder dem Wunsch nach gesunder Lebensweise zu tun haben – ihre Ernährung läuft rein über die Gewohnheit.

### So helfen Sie Ihrem Kind

**„Halb-Naschen",**
wie ich es nenne, ist die Lösung für den Ernährungsplan eines Kindes. Dabei sind die drei Hauptmahlzeiten die feste Größe, und außerdem gibt es zwei bis drei gesunde Snacks. In den Pausen hat das Verdauungssystem Gelegenheit, alles zu verarbeiten.

Kinder, die gerne naschen, genießen oft zwanglose Mahlzeiten. Wenn Sie Ihrem Kind Obst, Gemüse, Brot, Käse oder Wurst anbieten, legen Sie ein paar Zahnstocher mit auf den Teller und servieren dazu außerdem einen Dip – Sie werden sich wundern, wie begeistert Ihr Kind zugreift. Versuchen Sie folgende Dips:

### Vielfalt mit Dips

| Dip | Passt zu |
|---|---|
| Zerdrückter oder pürierter Hüttenkäse, abgeschmeckt mit Zitronensaft, süßer Chili-Sauce, zerdrückter Ananas oder Joghurt | Rohkoststicks (Karotten, Sellerie, Paprika, Zucchini, Gurke oder Tomaten) oder Reiscracker |
| Griechischer Joghurt mit gehackten frischen Kräutern oder fein gewürfelter Zwiebel oder Gurke | Gemüse, Pitabrot, Toast, Hühnchenteile oder gebackene Kartoffel-Spalten |
| Erdnussbutter, mit Vanillejoghurt verrührt | Äpfel, Bananen, Birnen, Cracker, Pitabrot oder Sellerie |
| Schwarze Bohnen aus der Dose, püriert mit einer Knoblauchzehe, ein paar Spritzern Limette und Kreuzkümmel | Geröstete Tortillastücke oder gebackene Kartoffel-Spalten |
| Naturjoghurt, verrührt mit einer Tüte Instant-Gemüsesuppenpulver, gehackter Petersilie und fein geraspelter Gurke | Gemüse, Pitabrot, Kartoffel-Spalten oder Rindfleischstücke |
| Pürierter Seiden-Tofu, verrührt mit Instant-Gemüsesuppenpulver, fein gehackter Zwiebel und Petersilie oder püriertem Gemüse und Gewürzen nach Wahl | Gemüse, Kartoffel-Spalten oder Fleischstücke |
| Sauerrahm, Petersilie, Zitronensaft und Schnittlauchröllchen oder fein gehackte Zwiebel | Rindfleischwürfel, Hühnchenteile, Schweinefleischstreifen, Brokkoli, Blumenkohl |

## Kontrollieren Sie den Saftkonsum Ihres Kindes

*» Ist es in Ordnung, wenn ich meinem Kind seine tägliche Obstration in Form von Saft gebe? Mein Kleinkind liebt Saft, isst aber nicht gerne Obst.«*

### Das sollten Sie wissen

Viele Kinder lieben Säfte. Säfte werden in handlichen Flaschen oder Nuckelfläschchen serviert, die ganz schnell wieder nachgefüllt werden. Das Nuckeln ist oft viel mehr eine bequeme, tröstende Angelegenheit als dass es dem Stillen von Durst dient. Kontinuierliches Nuckeln – und viele Kinder nuckeln wirklich den ganzen Tag lang – ist aus mehreren Gründen nicht unproblematisch.

Ein mäkeliger kleiner Esser kann durchaus seinen täglichen Kalorienbedarf mit Fruchtsäften decken. Dazu blubbert er sich den Bauch voll, bis für andere Lebensmittel kein Platz mehr ist. Hinzu kommt, dass die Säfte oft die tägliche Milch ersetzen und das Kind nicht genug wichtiges Kalzium zu sich nimmt. Trinkt ein Kind den ganzen Tag hindurch Saft, unterdrückt es so das Hungergefühl, das sich normalerweise zu den Essenszeiten einstellt. Ein Kind, das vor der Mahlzeit nur ein bisschen Hunger hat und dann „als Vorspeise“ einen Saft trinkt, wird keinen Appetit mehr auf die Hauptspeise haben – was die mäkeligen Essgewohnheiten noch verschlimmert.

### So helfen Sie Ihrem Kind

**Schränken Sie den Saftkonsum ein.**

Es ist also ratsam, der Empfehlung der Amerikanischen Akademie für Kinderheilkunde zu folgen, die den Saftkonsum eines Klein- bzw. Vorschulkindes zwischen ein und sechs Jahren auf 120 bis 180 ml pro Tag und bei älteren Kindern von 240 bis 350 ml beschränken. Außerdem empfehle ich, den Saft nach den Mahlzeiten anstatt vor oder zu dem Essen zu reichen. So durchkreuzt der Saftgenuss am wenigstens eine gesunde, ausgewogene Ernährung.

## Seien Sie tricky – mit Plan

» *Ich habe einige neue Kochbücher gekauft, die zeigen, wie man Gemüse im Lieblingsessen der Kinder „versteckt“. Aber ich frage mich, ob es überhaupt sinnvoll ist, sich solcher Tricks zu bedienen ...«*

### Das sollten Sie wissen

Es gibt einige wunderbare Rezepte, mit denen man Kindern in schmackhaften, ansonsten weniger nährstoffreichen Gerichten versteckt wertvolles Gemüse und Proteine „unterjubeln“ kann. Und das ist ein durchaus sinnvoller Weg, dem Kind Gemüse zuzuführen, das es andernfalls nicht essen würde.

Ein wichtiger Schlüssel, dem Kind lebenslange gesunde Essgewohnheiten beizubringen, ist Geduld, Geduld, Geduld. Und es wird sehr viel öfter passieren, dass sich Ihr mäkeliger kleiner Esser standhaft weigert, etwas Gesundes zu essen, als dass es Ihnen gelingt, ihn dazu zu bringen, etwas Gesundes zu essen. In diesen Phasen zahlen sich die oben genannten „Mogelpackungen“ aus, denn Ihr Kind wird die wichtigen Nährstoffe bekommen, ohne dass es dies merkt, und Sie können sich entspannt zurücklehnen, anstatt täglich zermürbende Kämpfe auszufechten.

### So helfen Sie Ihrem Kind

**Lüften Sie das Geheimnis.**

Wenn Ihr Kind eine gewisse Zeit lang mit großem Appetit die mit Spinat und Zucchini „angereicherte“ Lasagne verspeist hat, können Sie Ihr kleines Geheimnis lüften, indem Sie Ihr Kind einladen, Ihnen bei der Zubereitung zu helfen. Verwenden Sie ganz selbstverständlich diese Zutaten – und lassen Sie Ihr Kind den Spinat pürieren und die Zucchini klein schneiden. Auf diese Weise lernt Ihr Kleines, dass auch Gesundes sehr gut schmecken kann.

**Fahren Sie „mehrgleisig“.**

Steckt Ihr Kind gerade in einer mäkeligen Essphase, können Sie ihm bedenkenlos die „Mogelpackungen“ vorsetzen – und gleichzeitig behutsam daran arbeiten, die Liste der offen akzeptierten gesunden Lebensmittel zu erweitern.

## Gehen Sie mit gutem Beispiel voran

» *Mein Mann ist ein großer mäkeliger Esser und spricht auch gerne über seine Vorlieben und Abneigungen. Und in dem Moment, in dem er kundtut, dass er Rote Bete verabscheut, weigern sich auch unsere Kinder, sie zu essen. Macht er sie mit seinem eigenen Essverhalten nur noch mäkeliger?«*

### Das sollten Sie wissen

Papa macht sie nicht mäkeliger – das können die lieben Kleinen ganz gut allein –, aber mit seinem Verhalten verstärkt er zweifelsohne ihr schwieriges Essverhalten und hält sie davon ab, die Dinge zu probieren, die er selbst nicht mag, die aber vielleicht seinen Kindern ganz gut schmecken würden. Außerdem demonstriert er seinen Kindern Manieren und mangelnde Akzeptanz, die sie schließlich als normal betrachten könnten. Kindern kopieren das, was man ihnen vorlebt – das gilt auch fürs Essverhalten.

### So helfen Sie Ihrem Kind

**Seien Sie Vorbild.**

Mehrere Studien zeigen, dass Kinder umso eher etwas Neues probieren (und vielleicht sogar mögen), wenn ihre Eltern oder andere Bezugspersonen diese Nahrungsmittel mögen. Die Studien verdeutlichen auch, dass es nicht nur die Tatsache ist, dass jemand etwas isst, sondern dass jemand etwas gerne und mit Genuss isst. Bitten Sie Ihren Mann also, mit seinen Abneigungen hinter dem Berg zu halten – den Kindern zuliebe – und beim nächsten Mal sein Gemüse begeistert und mit Kommentaren wie „Hmm, wie lecker das schmeckt!“ zu verspeisen.

## Essen im Restaurant

*» Mein Mann und ich gehen gerne mit den Kindern essen. Aber die Kinder sind so mäkelig, dass die Restaurantbesuche meist in einem Desaster enden. Sie weigern sich, Neues zu probieren und essen nie das, was wir bestellt haben. Wie können wir Restaurantbesuche erfreulich gestalten?«*

### Das sollten Sie wissen

Erwachsene essen gerne in Restaurants, weil Sie die Gerichte, die Atmosphäre und das gesellige Beisammensein genießen, weil sie nicht selbst kochen und nicht die Küche aufräumen müssen. Kinder jedoch sind noch nicht so reif, dass sie sich einen Restaurantbesuch selbst aussuchen würden, es sei denn, es handelt sich um kinderfreundliches Fast-Food-Restaurant.

Eltern begreifen oft nicht, warum die kleinen mäkeligen Esser im Restaurant noch viel mäkeliger sind. Selbst Gerichte, die sie eigentlich kennen, riechen und schmecken anders, als sie es gewohnt sind. So gibt es bei einem guten Italiener nicht die gewohnte Fertigsoße aus dem Glas, sondern eine pikante Tomatensoße aus frischen Tomaten – also ganz anders als zu Hause.

### So helfen Sie Ihrem Kind

**Beherzigen Sie einige Tipps.**

Betrachten Sie Restaurantbesuche lieber unter dem sozialen Gesichtspunkt als unter dem Aspekt des Genussessens. Hier einige Tipps:

- Suchen Sie Restaurants aus, die Kindergerichte anbieten.
- Bestellen Sie für Ihr Kind etwas, das zumindest eine geringe Chance hat, in seinem Magen zu landen.
- Das Gericht sollte möglichst simpel und ohne ausgefallene Zutaten zubereitet sein. Lassen Sie die Soße und mögliche Beilagen separat servieren, sodass Ihr Kind sich einen Überblick verschaffen kann.
- Erkunden Sie sich, wie das Gericht zubereitet ist, und bestellen Sie es, wenn möglich, in einer kindgerechteren Version.
- Und vergessen Sie nicht, dass das Gericht selbst dann noch zu ungewohnt erscheinen und Ihr Kind es ablehnen könnte.
- Wichtig: Zwingen Sie Ihr Kind nicht, das Gericht aufzuessen, nicht zuletzt deshalb, weil Restaurantportionen oft viel zu groß für Kinder sind. Lassen Sie sich die Überbleibsel lieber einpacken. Dies ist auch für das Kind eine sinnvolle Lektion, bei der es lernt, nicht über seinen Hunger hinaus zu essen.

## Wie geht man mit einem langsamen Esser um?

*» Mein Sohn ist der langsamste Esser unter dieser Sonne! Wie kommen fast jeden Morgen zu spät in den Kindergarten, weil er beim Frühstück so trödelt. Für einen kleinen Snack braucht er eine Stunde. Und bei Abendessen sitzt er noch am Tisch, während alle anderen schon wieder aufgestanden sind und ich die Küche aufräume. Wie kann ich ihm ein bisschen Tempo machen?«*

### Das sollten Sie wissen

Die eigentliche Frage lautet: Sollte ich ihm Tempo machen? Um sie zu beantworten, müssen Sie wissen, warum Ihr Kleiner so langsam isst, wie das langsame Essen seine Ernährung beeinflusst und ob er auf diese Weise die benötigten Kalorien und Nährstoffe bekommt.

Langsames Essen ist an sich keine schlechte Sache – im Gegenteil: Es ist positiv. Mehrere Studien (zu lesen beispielsweise im *American Journal of Clinical Nutrition* und im *British Medical Journal*) berichten, dass langsames Essen einen höheren Genuss bedeutet und den Sättigungsmechanismus des Körpers besser funktionieren lässt. Langsames Essen senkt das Risiko, eines Tages unter Übergewicht zu leiden. Diese Studien sagen außerdem, dass man schon bei Kindern langsames Essen fördern sollte.

## So helfen Sie Ihrem Kind

### Warum isst Ihr Kind langsam?

Langsames Essen ist also sowohl unter dem Genussaspekt wie auch hinsichtlich des Erkennens des Sättigungsgefühls eine positive Angewohnheit. Allerdings gibt es Kinder, die aus ganz anderen, weniger positiven Gründen langsam essen. Beobachten Sie also Ihr Kind, um seine Beweggründe herauszufinden.

### Betrachten Sie die Portionen.

Manche Kinder essen langsam, weil sie keinen Hunger haben, aber trotzdem vor einem vollen Teller sitzen. Sie stochern im Essen herum, spielen damit, zerdrücken es und schieben es auf dem Teller hin und her. Sie werden, im Grunde genommen, gedrängt, mehr zu essen, als ihr Körper braucht – und das Trödeln ist ihre Strategie, einem übermäßigen Essen zu entrinnen. Wenn Sie einen Blick in die Tabelle „Typische Tagesrationen und Portionsgrößen“ (Seite 50/51) werfen, können Sie feststellen, ob dies auf Ihr Kind zutrifft. Ist dies der Fall, sollten Sie die Essenszeiten überdenken und/oder die Portionen verkleinern.

### Getränke gibt es nach dem Essen.

Ein weiterer Grund für extrem langsames Essen ist, dass das Kind sich den Magen kurz vor dem Essen mit Getränken vollpumpt – auch Wasser kann den kleinen Magen eines Kindes so sehr füllen, dass es erst einmal keinen Hunger mehr hat und lustlos in seinem Essen herumstochert. Die Lösung: Das Getränk gibt es erst nach dem Essen.

### Vermeiden Sie Ablenkung.

Wieder andere Kinder sind langsame Esser, weil zu viel Ablenkung um sie herum stattfindet. Der angeschaltete Fernseher, Spielzeug am Tisch, selbst lebhafte Erzählungen oder interessante Gesprächsthemen können Kinder so faszinieren, dass das Essen zur Nebensache wird. Also: Fernseher ausschalten und dafür sorgen, dass Ihr Kind, die kleine Plaudertasche, nicht die gesamte Tischkonversation bestreitet, sondern ausreichend Zeit und Ruhe zum Essen findet.

### Forschen Sie nach einer Unverträglichkeit.

In einigen wenigen Fällen essen Kinder sehr langsam, weil sie unter einer noch unerkannten Lebensmittelunverträglichkeit leiden. Ihr Verdauungsapparat kommt mit bestimmten Lebensmitteln nicht gut zurecht. Manche Kinder essen Lebensmittel mit unterschiedlichen Konsistenzen auf unterschiedliche Weise. Beobachten Sie, ob Ihr Kind bestimmte Nahrungsmittel in einem normalen Tempo verspeist und andere sehr viel langsamer – dies könnte ein Hinweis auf ein Unverträglichkeitsproblem sein.

### Lassen Sie Ihr Kind aufstehen.

Manche Kinder essen mit normaler Geschwindigkeit, schalten das Tempo aber drastisch herunter, sobald ihr Hunger gestillt ist. Beobachten Sie, ob Ihr Kind mit Appetit startet und später zu stochern beginnt. Wenn dies der Fall ist, sollte man es vom Tisch aufstehen lassen.

### Achten Sie auf die Reihenfolge.

Oder isst Ihr Kind so langsam, weil es jeden Bissen seines Essens genießt? Dann sollten Sie ihm seine Muße gönnen. Das bedeutet unter Umständen, dass Sie alle eine Viertelstunde früher aufstehen oder in der mittäglichen

Hektik dennoch einen Gang runterschalten müssen. Klug ist es in diesem Fall auch, das gesunde Gemüse als ersten Gang zu servieren, denn dann wird es in jedem Fall gegessen. Die weniger nährstoffreichen Gänge servieren Sie danach.

Hat Ihr Kind ein normales Gewicht, legt es viel Energie an den Tag und ist gesund, bekommt es mit großer Wahrscheinlichkeit genau das, was sein Körper benötigt – und sein langsames Esstempo ist eben einer seiner individuellen Charakterzüge.

## Geben Sie Ihrem Kind Milch

*» Sorgt Milch wirklich für starke Knochen und gute Zähne? Mein Mutter hat uns immer viel Milch gegeben, aber sollte ich damit meinen Kindern genau so machen? Soll ich Ihnen Vollmilch, Magermilch oder fettfreie Milch geben? Und was ist mit Vollmilchschokolade – ist das eine gute Alternative?«*

### Das sollten Sie wissen

Wenn ein Kind ein Jahr alt ist, nicht mehr gestillt wird und auch die Säuglingsmilch aus dem Fläschchen nicht mehr bekommt, ist dies noch längst nicht das Ende der Milch. Im Gegenteil: Milch ist wichtiger Bestandteil einer gesunden, ausgewogenen Ernährung. Ernährungsspezialisten empfehlen, dass Kleinkinder täglich etwa 300 bis 400 ml Milch trinken sollten bzw. das Äquivalent in Form von Milchprodukten zu sich nehmen sollten, und dies verteilt auf täglich drei Portionen. Ist Ihr Kind normalgewichtig, sollten Sie fettarme Milch mit 1,5 Prozent Fett verwenden. Bei deutlichem Untergewicht darf es auch fettere Milch sein.

Milch ist ein Nahrungsmittel mit hoher Nährstoffdichte. Sie enthält eine Fülle wichtiger Vitamine und Mineralstoffe, die für ein gesundes Wachstum unverzichtbar sind, nicht nur für die Knochen und Zähne. Kalzium, Proteine, Vitamin D und andere Nährstoffe unterstützen das schnelle Wachstum eines Kleinkindes auf vorzügliche Weise und sind wichtig für die Entwicklung der Muskeln und Nerven. Diese Nährstoffe sind zwar auch in anderen Nahrungsmitteln wie beispielsweise Fisch, Obst und Gemüse enthalten, aber es ist schwierig, Kindern diese Lebensmittel in ausreichenden Mengen „einzuflößen“. Deshalb kann man mit Milch auf einfache Weise mögliche Defizite vermeiden bzw. ausgleichen, denn die allermeisten Kinder – und auch viele mäkelige Esser – mögen Milch.

### So helfen Sie Ihrem Kind

**Bieten Sie Milch in verschiedener Form an.**
Am besten ist es, dem Kind Milch pur, also ohne Zusätze wie Kakaopulver, anzubieten. Falls Ihr Kind diese ablehnt, versuchen Sie es mit Joghurt oder Käse. Im Notfall könnte Sie es mit einer geringen Menge zuckerreduziertem Kakaopulver versuchen. Sie können der Milch auch mit püriertem Obst, Vanille- oder Mandelextrakt mehr Aroma geben. Auch wenn Sie den Zuckergehalt des Zusatzes nicht kontrollieren können, etwa weil Ihr Kind beispielsweise in der Krippe, im Kindergarten oder in der Schule Kakao bekommt, können Sie es diese Milchmischgetränke trinken lassen – wenn die Alternative darin besteht, gar keine Milch zu konsumieren. Schließlich enthält auch ein Kakaogetränk all die Nährstoffe, die in der Milch stecken. Dieser Rat ist das Ergebnis einer Studie, die die Milchkonsum-Gewohnheiten von Kindern an 58 Schulen untersuchte, an denen die Ausgabe von aromatisierter Milch zum Mittagessen abgestellt wurde. Die Forscher fanden heraus, dass (je nach Schule) 35 bis 50 Prozent der Kinder, die nun keine

aromatisierte Milch mehr bekamen, überhaupt keine Milch mehr tranken. Darüber hinaus konnten die Wissenschaftler eine Verminderung der Nährstoffzufuhr bei jenen Kindern feststellen, die zum Mittagessen keine Milch zu sich nahmen. Denn diese Kinder kompensierten die „ausgelassenen" Vitamine nicht durch andere Lebensmittel.

**Suchen Sie Milchersatz.**
Kinder mit geringer Laktoseunverträglichkeit akzeptieren oft kleine Mengen Milch, ohne dass es zu Symptomen kommt. Leidet ein Kind unter einer schwereren Variante von Laktoseunverträglichkeit, die sich durch Bauchschmerzen, Erbrechen, Blähungen oder Hautausschläge äußert, müssen die Eltern nach einer Ernährungsform suchen, die eine ausreichende Versorgung des Kindes mit Kalzium, Vitamin D und Eiweiß sicher stellt. Diese Inhaltsstoffe finden sich beispielsweise in angereicherter Soja- oder Reismilch, in dunkelgrünen Gemüsen, in Fisch, Tofu, Bohnen und angereichertem Orangensaft (in begrenzten Mengen).

**Wählen Sie die richtige Milch.**
Forschungsergebnisse scheinen darauf hinzuweisen, dass Milch von Kühen, die mit Gras gefüttert werden, gesünder ist als Milch von Kühen, die Körner zu fressen bekommen. Recherchieren Sie selbst ein bisschen und sprechen Sie mit dem Kinderarzt oder einem Ernährungsfachmann und entscheiden Sie dann, ob Sie Ihrem Kind Bio-Milch von grasgefütterten Kühen geben. Vermeiden Sie nach Möglichkeit Rohmilch zugunsten pasteurisierter Milch, denn bei der Pasteurisierung werden gefährliche Bakterien abgetötet.

## Beschränken Sie Ihr Kind nicht auf Kinderkost

*» In welchem Alter sollte ich mein Kleinkind von Chicken Nuggets auf richtiges Hühnchenfleisch und von Makkaroni mit Tomate aus der Fertigpackung auf richtige Nudeln mit hausgemachter Tomatensoße umstellen?«*

### Das sollten Sie wissen
In einer „perfekten" Welt ist es nicht nötig, ein Kind von „Kleinkindkost" auf „Erwachsenenkost" umzustellen, weil es von Anfang an Erwachsenenkost isst. „Echtes" Hühnchenfleisch ist deutlich wertvoller als industriell hergestellte Nuggets, und frisch gekochte Nudeln mit hausgemachter Tomatensoße sind deutlich wertvoller als Gläschennahrung.

### So helfen Sie Ihrem Kind
**Bieten sie „halb-halb" an.**
Wenn Ihr Kind allerdings seit langem an die einschlägige „Kinderversion" typischer Gerichte gewöhnt ist, können Sie die Umstellung in Angriff nehmen, indem Sie ihm halb-halb zubereitete Gerichte anbieten: zum Beispiel ein paar Nuggets und zusätzlich ein bisschen Hühnchenfleisch, das Sie in Nuggetsgröße geschnitten haben. Suchen Sie außerdem nach Rezepten und Ideen, wie Sie die Lieblingsgerichte Ihres Kindes auf gesündere Weise zubereiten können, zum Beispiel Pizza mit Vollkornteigboden, fettarmem Käse und Putenbrust. Sicher finden Sie auch in Kapitel 4 „Meine Lieblingsrezepte" Anregungen.

## Ergänzen Sie nötigenfalls Vitamine

*» Ich bemühe mich, die Ernährung meines kleinen mäkeligen Essers allmählich zu erweitern, mache mir aber Sorgen, dass mein Kind bis zur gelungenen Umstellung auf eine gesunde Ernährung nicht die nötigen Vitamine bekommt.«*

### So helfen Sie Ihrem Kind

**Sprechen Sie mit Ihrem Kinderarzt.**
Wenn Ihr Kind nicht genug isst, wenn es nicht oft genug isst, wenn es ganze Lebensmittelgruppen wie Gemüse, Milchprodukte oder Eiweiß ablehnt, können Sie mit Ihrem Kinderarzt oder einem Ernährungsspezialisten über das Thema zusätzlicher Vitamingaben sprechen, um sicherzustellen, dass der Nährstoffbedarf in den wichtigen Wachstumsphasen Ihres Kindes abgedeckt ist.

Rezepte

# Meine Lieblingsrezepte

Vom Frühstück bis zum Nachtisch finden Sie hier eine Auswahl leckerer Rezepte, die auch wählerische Esser mögen. Die Rezepte sind jeweils für 2 Kinder und 2 Erwachsene gedacht und stammen aus dem Buch „Die besten Gerichte für Ihr Kleinkind" von Anne Iburg. Bon appétit!

## Frischkornmüsli mit Apfel

Für Fans von Frischkornbrei

**Für 4 Portionen**
**Kinderportion: 4–5 gehäufte Esslöffel**
**geht schnell ⏱ 5 Min (ohne Einweichzeit)**

**10 EL** Getreidekörner (z. B. Hafer oder eine Mischung) · **2 EL** Rosinen · **2** Äpfel · **200 ml** Milch (3,5 % Fett)

- Die Getreidekörner mit einer Getreidemühle schroten.
- Den Schrot am Vorabend einmal aufkochen. Die Rosinen hinzufügen und das Ganze und über Nacht in ¼ l Wasser quellen lassen.
- Die Äpfel waschen, vierteln, vom Kerngehäuse befreien und in kleine Würfel schneiden.
- Den eingeweichten Schrot mit den Apfelwürfeln und der Milch vermischen.

## Roggenbrot mit Frischkäse und Radieschen

So finden viele Kinder Radieschen lecker.

**Für 4 Portionen**
**Kinderportion: ½–1 Scheibe Brot, etwa 2 Handflächen des Kindes**
**geht schnell ⏱ 5 Min.**

**4 Scheiben** Roggenbrot · **4 EL** Doppelrahmfrischkäse · **8** Radieschen

- Die Brotscheiben dünn mit Frischkäse bestreichen. Die Radieschen waschen, putzen und in hauchdünne Scheiben schneiden.
- Mit den Radieschenscheiben das Brot belegen bzw. das Brot zuerst in Streifen schneiden und dann dicht mit Radieschenscheiben belegen.

## Quark-Muffins

Saftiger geht es nicht.

**Für 12 Stück**
**Kinderportion: 1 Muffin**
**gut vorzubereiten**
**⏲ 20 Min. (+ Einweichzeit der Rosinen, Gehzeit für den Hefeteig und 25 Min. Backzeit)**
30 g Rosinen · 100 ml Apfelsaft · 300 g Weizenmehl Type 550 · 20 g Hefe · 40 g Zucker · 125 ml lauwarme Milch · 40 g Butter · 200 g Magerquark · 1 Ei · 1 Prise Salz · 1 Eigelb · 2 EL Milch

- Die Rosinen über Nacht im Apfelsaft einweichen.
- Mehl in eine Schüssel geben und eine Mulde hineindrücken, Hefe und Zucker hinzugeben und die Milch angießen. Die Butter zerlassen und mit Quark, Ei und Salz an den Rand der Schüssel geben. Rosinen hinzufügen.
- Dann mit den Knethacken zu einem glatten Teig verarbeiten. Den Teig mit einem Tuch abgedeckt an einem warmen Ort gehen lassen, bis er sein Volumen fast verdoppelt hat. Den Backofen auf 200 °C (Umluft 180 °C) vorheizen. Die Muffinformen mit Papierförmchen auslegen.
- Aus dem Teig 12 Kugeln formen, in die Vertiefungen geben und erneut etwa 10 Minuten gehen lassen. Eigelb mit der restlichen Milch verquirlen und die Muffins damit bestreichen.
- Die Muffins ca. 25 Minuten auf der mittleren Schiene backen und auskühlen lassen!

**Variante:** Wenn Sie den Teig mit Vollkornmehl herstellen möchten, geben Sie etwa 5 Esslöffel mehr Milch zu den Teigzutaten.

## Bauernfrühstück

Das Frühstück, das auch mittags und abends schmeckt.

**Für 4 Portionen**
**Kinderportion: 3–4 Esslöffel**
**gelingt leicht ⏲ 25 Min.**
1 Zwiebel · 700 g Salzkartoffeln · 80 g durchwachsener Speck · 4 Essiggurken · 8 Eier · 4 EL Milch · ½ TL Jodsalz · weißer Pfeffer · 4 EL Rapsöl · 3 EL Butter

- Die Zwiebel schälen und fein hacken. Die Kartoffeln in Scheiben schneiden.
- Den Speck und die Essiggurken fein würfeln.
- Die Eier aufschlagen und in einer Schüssel mit einem Schneebesen kräftig verquirlen. Die Milch unterrühren und mit Salz und Pfeffer würzen.
- Nun die Hälfte des Öls und der Butter erhitzen und den Speck darin auslassen. Die Hitze reduzieren und die Kartoffelscheiben anbraten. Dabei immer wieder wenden. Mit Salz und Pfeffer leicht würzen.
- Wenn die Kartoffeln Farbe angenommen haben, das restliche Fett zugeben und die Rühreimasse und die Essiggurken hinzufügen. Unter Wenden die Eimasse stocken lassen und dann auf Tellern verteilen.

**Variante:** Als Fischerfrühstück schmeckt dieses Gericht besonders gut. Mit dem Ei gibt man eine Gabel zerpflückten geräucherten Heilbutt oder Forellenfilets hinzu.

# SNACKS

## Roggenbrot mit Kräuterbutter

Ein Klassiker

Für 8 Portionen
Kinderportion: ½–1 Scheibe Brot, etwa 2 Handflächen des Kindes, dünn bestrichen
geht schnell ⏲ 5 Min.

4 Scheiben Roggenbrot · 125 g Butter · 5–10 Zweige Petersilie · 10 Stängel Schnittlauch · ½ TL Jodsalz

- Butter in eine Schüssel geben und mit einer Gabel zerdrücken. Petersilie waschen, trocken tupfen und die Blättchen von den Stängeln zupfen, anschließend fein hacken. Den Schnittlauch waschen, trocken tupfen und in Röllchen schneiden.
- Beide Kräuter zur Butter geben, salzen und mit einer Gabel die Kräuter in die Butter einarbeiten. Die Brote mit der Kräuterbutter bestreichen.
- Die Reste der Kräuterbutter lassen sich gut verschlossen im Kühlschrank lagern.

Variante: Nicht nur lecker als Brotaufstrich, sondern auch zu Kartoffeln. So lassen sich Kartoffeln vom Vortag mit etwas Kräuterbutter in der Mikrowelle erwärmen.

## Milchreis mit Apfelstückchen

Aus einer Prinzessin-Lillifee-Box schmeckt er auch im Kindergarten.

Für 4 Portionen
Kinderportion: ½ Portion bzw. 3 Esslöffel reichen völlig
braucht etwas mehr Zeit ⏲ 40 Min.

500 ml Milch · 100 g Milchreis · 1 Prise Jodsalz · 40 g Honig · 2 Äpfel · 2 EL Zitronensaft · 2 EL Rosinen

- Die Milch in einem kleinen Topf zum Kochen bringen. Den Reis einstreuen, 1 Prise Salz hinzufügen. Etwa 30 Minuten bei geringster Hitze quellen lassen. Zum Schluss mit dem Honig süßen.
- Inzwischen die Äpfel schälen, vierteln und Kerngehäuse entfernen. Dann in dünne Scheiben schneiden und mit dem Zitronensaft und 2 Esslöffeln Wasser in einem kleinen Topf etwa 2 Minuten dünsten. Zusammen mit den Rosinen unter den Milchreis rühren.

Variante: Rösten Sie Mandelsplitter in einer beschichteten Pfanne ohne Fett und geben Sie diese ebenfalls unter den Milchreis.

## Möhren-Quark-Dip

Pumuckl könnte sich bestimmt dafür begeistern.

**Für 4 Portionen**
**Kinderportion: 1–2 Esslöffel aufs Brot streichen**
**gut vorzubereiten ⏲ 5 Min.**

3 Möhren · 1 Bund Schnittlauch · 250 g Magerquark · 100 g Joghurt · 1 EL Rapsöl · ¼ TL Jodsalz · weißer Pfeffer

- Die Möhren waschen und putzen, dann auf der Gemüseraspel raspeln.
- Den Schnittlauch waschen, trocken tupfen und in feine Röllchen schneiden.
- Die fein gehackten Zutaten mit Quark, Joghurt und Rapsöl verrühren. Mit Salz und Pfeffer abschmecken.

## Obstsalat unter Quark

Auch eine Idee fürs Frühstück

**Für 6 Portionen**
**Kinderportion: ½ Portion reicht aus**
**gut vorzubereiten ⏲ 5 Min.**

2 Apfelsinen · 1 Birne · 1 Nektarine · 300 g Joghurt (1,5 % Fett) · 250 g Quark (20 % Fett) · 2 EL brauner Zucker · 1 Msp. Zimt

- Die Apfelsinen schälen, dabei die weiße Haut entfernen. Filetieren, den Saft dabei auffangen. Sechs Apfelsinenspalten beiseitelegen. Die Birne schälen, Stiel und Blütenansatz sowie Kerngehäuse entfernen und das Fruchtfleisch fein würfeln. Die Nektarine waschen, trocken tupfen, halbieren, entkernen und ebenfalls fein würfeln. Das Obst vermengen.
- Joghurt und Quark zusammen mit dem Zucker und Zimt verrühren. Zuerst das Obst, dann die Quark-Joghurt-Masse in sechs Trinkgläser füllen und kalt stellen. Vor dem Servieren die Creme mit einer Apfelsinenspalte garnieren.

**Variante:** Bevor Sie die Quark-Joghurt-Masse aufs Obst geben, können Sie noch 1 Teelöffel Cointreau in die Trinkgläser der Erwachsenen geben.

## Strammer Max

Ein beliebtes Abendessen

Für 4 Portionen
Kinderportion: ½ Scheibe Brot reicht
geht schnell ⏲ 5 Min.

4 Scheiben Mischbrot · 3 EL Butter · 4 Scheiben Schinken · 1 EL Rapsöl · 4 Eier · 4 Tomaten Jodsalz · 4 Essiggurken

- Die Brotscheiben mit Butter bestreichen und mit Schinken belegen.
- Für die Spiegeleier das Öl mit 1 EL Butter in einer beschichteten Pfanne erhitzen. Die Eier einzeln in einer Tasse aufschlagen und nebeneinander vorsichtig in die Pfanne gleiten lassen. Bei mittlerer Hitze ohne Deckel braten, bis das Eiweiß vollständig gestockt ist. Die Eier mit einem Pfannenwender voneinander trennen.
- Je ein Spiegelei auf ein Schinkenbrot legen.
- Die Tomaten waschen, trocken reiben und in Viertel schneiden, dabei den Stielansatz entfernen und zusammen mit der Essiggurke zum Brot reichen.

Variante: Sie können das Gericht aufpeppen, indem Sie ein paar kleine Nordseekrabben, in der Pfanne leicht erwärmt, dazu reichen. Auch Anchovis werden zum Strammen Max gegessen.

## Pizzaschnecken

Schmecken am besten auf der Hand.

Für 16 Stück
Kinderportion: 1 Schnecke
braucht etwas mehr Zeit ⏲ 30 Min.

1 Rezept Hefeteig · 1 Zwiebel · 1 Zucchini · 50 g roher Schinken in Scheiben · 150 g Mais aus der Dose · 200 g Gouda · 5 EL Tomatenketchup · 5 EL Tomatenmark · Salz · schwarzer Pfeffer · 1 EL Thymian

- Den Hefeteig nach Anleitung zubereiten und etwa 30 Minuten gehen lassen. Inzwischen die Zwiebel schälen und fein hacken. Zucchini waschen, putzen und fein würfeln. Den Schinken in feine Streifen schneiden. Den Mais auf einem Sieb abtropfen lassen. Den Gouda eventuell entrinden und dann fein reiben.
- Den Backofen auf 200 °C vorheizen. Zwei Backbleche mit etwas Butter einfetten und mit etwas Mehl bestäuben.
- Den Teig auf einer bemehlten Arbeitsfläche zu einem Rechteck von 20 × 30 cm ausrollen. Tomatenmark und -ketchup auf den Teig streichen, dabei einen 1 cm dicken Rand frei lassen.
- Zwiebel- und Zucchiniwürfel, Mais und Schinkenstreifen gleichmäßig darauf verteilen. Mit Salz, Pfeffer und Thymian würzen. Den geriebenen Gouda darüber streuen.
- Den Pizzateig von der langen Seite her aufrollen und den Rand fest andrücken. Mit einem Messer in 16 Scheiben schneiden. Die Scheiben auf die Bleche legen. Nochmals etwa 10 Minuten gehen lassen und auf der mittleren Schiene etwa 20 Minuten backen.

Variante: Bestreuen Sie die Pizzaschnecken vor dem Backen dünn mit geriebenem Gouda, dann werden Sie noch würziger.

## Kirschenmichel

Ob Michel aus Lönneberga wohl begeistert gewesen wäre?

**Für 4 Portionen**
**Kinderportion: ½ Portion bzw. 3 Esslöffel**
**preisgünstig ⏲ 15 Min.**
4 Brötchen vom Vortag · 1 Glas Schattenmorellen (350 g Abtropfgewicht) · 400 ml Milch · 2 Eier · 4 EL Zucker · ½ TL Zimt · 30 g Butter

- Die Brötchen in etwa 1 cm dicke Scheiben schneiden und in eine Schüssel geben. Den Backofen auf 200 °C (Umluft 180 °C; Gas Stufe 3) vorheizen.
- Die Kirschen auf ein Sieb schütten und abtropfen lassen. Den Saft anderweitig verwenden.
- Milch mit den Eiern verquirlen. Die Eiermilch über die Brötchenscheiben gießen.
- Eine Auflaufform (etwa 25 cm lang) mit etwas Butter einfetten. Die eingeweichten Brötchenscheiben hochkant abwechselnd mit den Kirschen in die Form legen.
- Zucker und Zimt vermischen und über den Auflauf streuen. Die Butter als Flöckchen darauf setzen. Das Ganze auf mittlerer Schiene etwa 30 Minuten backen.

**Variante:** Geben Sie noch 4 Esslöffel Mandelstifte zum Auflauf.

## Vollkornbrot mit Tomatenbutter

Kommt immer gut an.

**Für 8 Portionen**
**Kinderportion: ½–1 Scheibe Brot, etwa 2 Handflächen des Kindes, dünn bestrichen**
**geht schnell ⏲ 5 Min.**
4 Scheiben Vollkornbrot · 60 g getrocknete Tomaten · 4 Zweige Basilikum · 125 g Butter · ½ TL Jodsalz · 1 Prise – ½ TL Zucker

- Die Tomaten mit kochendem Wasser übergießen, bis sie bedeckt sind. Darin weich werden lassen.
- Wenn das Wasser kalt ist, es abgießen und die Tomatenhälften mit einem Küchenkrepp trocken tupfen.
- Die Tomaten in Würfel schneiden, dann mit einer Moulinette (Zerkleinerer) oder einem ähnlichen Küchengerät sehr fein hacken.
- Das Basilikum waschen, trocken tupfen, die Blätter von den Stielen zupfen und fein hacken. Fein gehackte Tomaten, Basilikum und Salz zur Butter geben und mit einer Gabel die Zutaten in die Butter einarbeiten. Zum Schluss mit Zucker abschmecken. Die Vollkornbrote mit der Tomatenbutter bestreichen.
- Reste gut verschlossen im Kühlschrank aufbewahren.

## Kichererbsensalat

Hier kann man auf den Geschmack kommen!

- Die Zwiebel und den Knoblauch abziehen und mit einem großen Küchenmesser fein hacken. Die Aubergine waschen, trocken reiben und den Stielansatz entfernen, längs halbieren und in ½ cm dicke Scheiben schneiden.
- Das Öl in einer Pfanne erhitzen, Zwiebel, Knoblauch und Aubergine hinzufügen und etwa 2 Minuten dünsten.
- Inzwischen die Paprika waschen, halbieren, Trennwände und Kerne herauslösen und das Fruchtfleisch würfeln. Die Frühlingszwiebeln waschen, Wurzeln und das verwelkte äußere Grün abtrennen und in hauchdünne Ringe schneiden. Die Kichererbsen in ein Sieb geben, mit kaltem Wasser abspülen und abtropfen lassen.
- Den Thymian waschen, trocken tupfen, die Blättchen von den Zweigen zupfen und mit den anderen Zutaten in eine große Salatschüssel geben.
- Für die Marinade die Limette halbieren und auspressen. Den Saft mit dem Weinessig und dem Tomatenmark verschlagen. Mit Zucker und Salz abschmecken. Die Marinade über den Salat geben und alles gründlich vermengen.

**Variante:** Dazu passt am besten Fladenbrot. Mit gebratenen Hähnchenbruststreifen oder Lammlachsen sowie Radicchiostreifen (roh oder gebraten) lässt sich der Salat erweitern.

**Für 4 Portionen**
**Kinderportion: 3 gehäufte Esslöffel, Vorsicht bei noch wenig geübten Schluckern!**
**gut vorzubereiten ⏲ 30 Min.**

| | |
|---|---|
| 1 | Zwiebel |
| 1 | Knoblauchzehe |
| 1 | kleine Aubergine |
| 4 EL | Olivenöl |
| 1 | rote Paprikaschote |
| 4 | Frühlingszwiebeln |
| 1 Dose | Kichererbsen (450 g Abtropfgewicht) |
| 6 Zweige | Zitronenthymian |
| 1 | Limette |
| 2 EL | Weißweinessig |
| 1 EL | Tomatenmark |
| | Salz |
| ½ TL | Zucker |

## Gemüsesalat

Knackig – als Hasensalat beliebt bei den Kleinsten!

**Für 4 Portionen**
**Kinderportion: 3 gehäufte Esslöffel**
**geht schnell ⏲ 10 Min.**

1 mittelgroße Zucchini · 250 g Möhren · 4 Stangen Staudensellerie · 1 Banane · 200 g Joghurt · 2 EL Rapsöl · 2 EL Zitronensaft · 4 EL fein gehackte Zitronenmelisse · etwas Zucker · etwas Jodsalz · 1 Prise weißer Pfeffer

- Zucchini und Möhren waschen. Die Möhren schälen. Beides in feine Stifte hobeln oder raspeln. Die Selleriestangen waschen, Enden und Blätter entfernen und in feine Scheiben schneiden.
- Die Banane schälen und mit einer Gabel zerdrücken, mit Joghurt, Öl und Zitronensaft zu einem Dressing verrühren und mit Zitronenmelisse, Zucker, Salz und Pfeffer abschmecken.
- Das Dressing mit den Salatzutaten mischen und im Kühlschrank durchziehen lassen.

Variante: Das Filet von zwei Orangen gibt diesem Salat eine fruchtige Note.

## Ofengemüse mit Kartoffeln

Diese Kombination ist so unschlagbar gut wie einfach.

**Für 4 Portionen**
**Kinderportion: 5 gehäufte Esslöffel Ofenkartoffeln**
**preisgünstig ⏲ 15 Min. (+ 40 Min. Garzeit)**

800 g Kartoffeln · 200 g Champignons · 2–3 rote Gemüsepaprika · 1 Bund Frühlingszwiebeln · 4 EL Olivenöl · Salz · Pfeffer · 1–2 EL getrockneter Thymian

- Den Backofen auf 180 °C vorheizen. Die Kartoffeln waschen, schälen und in 2 bis 3 cm große Würfel schneiden. Die Champignons mit einem Küchenkrepp abreiben und vierteln. Gemüsepaprika und Frühlingszwiebeln waschen, putzen und in mundgerechte Stücke schneiden.
- Alles auf ein Blech geben, mit dem Öl begießen und mit Salz, Pfeffer und Thymian würzen. Gut durchmischen und gleichmäßig auf dem Blech verteilen. Das Ofengemüse auf mittlerer Schiene etwa 40 Minuten garen. Nach der Hälfte der Garzeit einmal wenden.

Variante: Wer unbedingt Fleisch möchte, brät dazu ein Steak, ein Kalbsschnitzel oder ein Stück Putenbrust. Die Ofenkartoffeln sind aber auch so eine komplette Mahlzeit!

## Ratatouille

Urlaubsgrüße aus dem sonnigen Südfrankreich!

Für 3 Portionen
Kinderportion: 5 gehäufte Esslöffel
gelingt leicht ⏲ 25 Min.
1 Aubergine · 1 Zucchini · 1 Paprikaschote · 1 EL Olivenöl · 1 kleine Dose Tomaten · 1 EL Kräuter der Provence · etwas Salz · schwarzer Pfeffer

- Aubergine und Zucchini putzen, waschen, längs halbieren und in Scheiben schneiden. Die Paprika waschen, putzen und in mundgerechte Würfel schneiden.
- Das Olivenöl in einem Topf erhitzen und das geschnittene Gemüse darin andünsten. Die Tomaten zerkleinern, zusammen mit dem Saft dazugeben. Die Kräuter hinzufügen und das Ganze etwa 10 Minuten einkochen lassen. Zum Schluss mit Salz und Pfeffer würzen.

Variante: Diese Beilage verträgt sich weniger mit Kartoffeln, aber dafür mit Reis und Nudeln umso besser. Kurzgebratenes Lamm- oder Rindfleisch passen sehr gut!

## Rote Linsensuppe

Der Renner bei den Kleinen

Für 4 Portionen
Kinderportion: 1 Kaffeetasse voll Suppe, eventuell 2 schmale Streifen Lammfleisch und 1 Scheibe Brot so groß wie die Handfläche des Kindes
gut vorzubereiten ⏲ 5 Min.
1 Zwiebel · 2 rote Paprikaschoten · 1 EL Rapsöl · 1 TL Curry · 150 g rote Linsen · 750 ml Gemüsebrühe · 200 ml Kokosmilch · ½ TL Jodsalz · weißer Pfeffer · Saft von ½ Zitrone

- Die Zwiebel abziehen und fein würfeln. Die Paprikaschoten waschen, putzen und grob zerkleinern.
- Das Rapsöl erhitzen, die Zwiebel glasig dünsten. Paprikaschoten anbraten und Linsen hinzufügen. Dann mit dem Curry bestäuben und kurz andünsten. Mit der Brühe ablöschen und alles etwa 20 Minuten köcheln lassen.
- Die Suppe pürieren. Die Kokosmilch unterrühren und mit Salz, Pfeffer und Zitronensaft abschmecken.

Variante: Braten Sie dazu Lammstielkoteletts! Mit Fladenbrot serviert, haben Sie eine komplette Mahlzeit.

## Süße Tomatensuppe

Kommt gleich hinter Ketchup.

**Für 4 Portionen**
**Kinderportion: 1 Kaffeetasse voll Suppe**
**preisgünstig ⏲ 5 Min.**

1 kleine Zwiebel · 2 mittelgroße Möhren · 1 EL Rapsöl · 1 Dose Tomaten (400 g) · ⅛ l Gemüsebrühe · ½ TL Thymian · 2 Zweige frisches Basilikum · 4 EL süße Sahne · etwas Salz · schwarzer Pfeffer · 1 TL Zucker

- Die Zwiebel schälen und fein hacken. Die Möhren waschen, putzen und fein würfeln. Das Öl in einem Topf erhitzen, die Zwiebel mit den Möhrenwürfeln darin andünsten.
- Die Tomaten zusammen mit der Brühe dazugeben. Mit dem Thymian würzen, das Ganze zum Kochen bringen und in etwa 15 Minuten gar kochen.
- Die Basilikumzweige waschen, trocken tupfen, die Blättchen von den Stielen zupfen und fein hacken. Die Suppe mit einem Pürierstab zu einer homogen Masse pürieren. Mit Sahne, Salz, Pfeffer und Zucker abschmecken. Mit dem Basilikum garnieren.

**Variante:** Reichen Sie dazu einen Garnelenspieß. Drei Garnelen auf einen Schaschlikspieß pieksen und in Olivenöl von beiden Seiten 2 Minuten braten. Etwas Knoblauch mitbraten, salzen und pfeffern und zum Schluss mit frisch gehackter Petersilie bestreuen. Wenn Ihr Kind Interesse zeigt, lassen Sie es eine Garnele probieren!

## Kartoffelgratin

Auch als Hauptgericht lecker

**Für 6 Portionen**
**Kinderportion: 4 Esslöffel**
**braucht etwas mehr Zeit ⏲ 5 Min.**

1 kg Kartoffeln · 1 Zwiebel · 1 Knoblauchzehe · 1 EL Butter · Salz · schwarzer Pfeffer aus der Mühle · 150 g geriebener Appenzeller · 200 ml Milch · 200 g süße Sahne

- Die Kartoffeln waschen, schälen und in ganz feine Scheiben hobeln. Wenn Sie eine Küchenmaschine haben, sollten Sie diese dafür einsetzen.
- Die Zwiebel und den Knoblauch schälen. Die Zwiebel in ganz dünne Ringe schneiden. Den Backofen auf 180°C vorheizen und eine flache Gratinform (etwa 30 cm ⌀) mit der Butter einfetten.
- Etwa die Hälfte der Kartoffelscheiben in die Gratinform legen. Salzen und pfeffern. Den Knoblauch durch eine Presse drücken oder ganz fein hacken und auf die Kartoffelscheiben geben. Mit der Hälfte des Käses bestreuen.
- Die restlichen Kartoffeln ebenfalls in die Gratinform schichten, nochmals würzen und die Zwiebelringe auf dem Gratin verteilen.
- Milch und Sahne miteinander verrühren, mit Salz und Pfeffer würzen und über das Kartoffelgratin gießen. Auf mittlerer Schiene etwa 50 Minuten backen.
- Etwa 10 Minuten vor Ende der Backzeit mit dem restlichen Käse bestreuen und goldgelb überbacken.

## Kartoffel-Tomaten-Salat mit Pesto

Eine willkommene Abwechslung mit italienischer Note

**Für 4 Portionen**
**Kinderportion: 4 Esslöffel**
**braucht etwas mehr Zeit ⏲ 5 Min.**
800 g kleine neue Kartoffeln · etwas Salz · 1 Zwiebel · 1 Knoblauchzehe · 50 g entsteinte schwarze Oliven · 5 EL Kräuteressig · 2 EL Pesto · schwarzer Pfeffer · 4 EL Olivenöl · 300 g Cocktailtomaten · ½ Bund Basilikum · 100 g Joghurt · 50 g Quark

- Die Kartoffeln gründlich waschen und in einem Topf mit Salzwasser etwa 20 Minuten garen.
- Kartoffeln abgießen, heiß pellen und dann halbieren. Zwiebel und Knoblauch schälen und fein hacken. Die Oliven in feine Scheiben schneiden.
- Essig mit 4 Esslöffeln Wasser, Pesto, Salz, Pfeffer und Olivenöl zu einer Marinade aufschlagen. Die Kartoffeln noch warm mit den Oliven und der Pestomarinade vermengen. Alles etwa 1 Stunde durchziehen lassen.
- Die Tomaten waschen, halbieren und die Stielansätze entfernen. Das Basilikum waschen und trocken schütteln. Die Blätter von den Stielen zupfen, einige schöne zur Dekoration zurücklegen, den Rest fein hacken.
- Den Joghurt mit dem Quark glatt rühren und zusammen mit den Tomaten und dem fein gehackten Basilikum unter den Kartoffelsalat mengen. Eventuell nochmals abschmecken und mit den zurückgelegten Basilikumblättchen garnieren.

Variante: Geben Sie in Streifen geschnittene junge Spinatblätter unter den Salat.

## Penne mit milder Tomatensoße

Als Piratensoße schmeckt das Ganze noch besser.

**Für 4 Portionen**
**Kinderportion: 3 Kinderhände voll Penne mit Tomatensoße**
**preisgünstig ⏲ 20 Min.**
1 Zwiebel · 2 EL Rapsöl · 600 g Tomatenstückchen aus der Dose · 4 Zweige Basilikum · Jodsalz · Pfeffer · Zucker · 150 g Frischkäse · 350 g Penne (Vollkornvariante)

- Die Zwiebel abziehen und fein hacken. Das Öl in einer tiefen Pfanne erhitzen, die Zwiebel darin glasig dünsten.
- Tomatenstücke hinzufügen und 10 Minuten köcheln lassen. Basilikum waschen, trocken tupfen und die Blätter von den Stielen zupfen und streifig schneiden.
- Die Soße mit Salz, Pfeffer und Zucker würzen und den Frischkäse unterrühren.
- Inzwischen die Penne in reichlich Salzwasser bissfest garen, das Wasser abgießen und die Penne sofort mit der Tomatensoße mischen. Zum Schluss die Basilikumstreifen untermengen.

Variante: Geben Sie unter die Soße ein paar Garnelen, die Sie zuvor in Olivenöl und Knoblauch angebraten haben.

## Spaghetti in Paprika-Putensoße

Da sind die Teller schnell leer gegessen.

**Für 4 Portionen**
**Kinderportion: 3 Kinderhände voll Spaghetti mit Soße, etwa 4 Streifen Putenfleisch**
**gut vorzubereiten ⏲ 5 Min.**

1 gelbe Paprikaschote · 1 rote Paprikaschote · 1 Zwiebel · 400 g Putenbrust · 1 EL Rapsöl · 2 EL Currypulver · 1/8 l Hühnerbrühe (Instant) · 200 g süße Sahne · 2 EL Zitronensaft · 2 EL helle Sojasoße · etwas Jodsalz · weißer Pfeffer aus der Mühle · 350 g Spaghetti (Vollkornvariante)

- Die Paprikaschoten waschen, entkernen und die Stielansätze sowie die weißen Trennwände herausschneiden. Das Fruchtfleisch in kleine Würfel schneiden. Die Zwiebel abziehen und fein hacken.
- Die Putenbrust unter kaltem Wasser waschen, gründlich trocken tupfen und in feine Streifen schneiden.
- Das Öl in einer Pfanne erhitzen. Die Zwiebelwürfel darin glasig dünsten. Die Putenbrust und die Paprikawürfel dazugeben und beides unter Rühren kurz braten. Das Currypulver hinzufügen und umrühren.
- Hühnerbrühe und Sahne zur Paprika-Fleisch-Mischung geben und 8–10 Minuten zugedeckt köcheln lassen. Die Soße mit Zitronensaft, Sojasoße, Salz und Pfeffer abschmecken und weitere 5 Minuten köcheln lassen.
- In der Zwischenzeit die Spaghetti in reichlich Salzwasser bissfest garen, abgießen und sofort mit der Soße mischen.

Variante: Anstelle von Sahne schmeckt die Paprika-Putensoße auch sehr lecker mit Kokosmilch bzw. Kokoscreme.

## Brokkoli-Reis-Pfanne

Grüner Blumenkohl findet seine Fans unter den Kids.

**Für 4 Portionen**
**Kinderportion: 1 Kaffeetasse voll**
**preisgünstig ⏲ 5 Min.**

200 g parboiled Reis (alternativ Vollkornreis) · 440 g Brokkoli · 1 Zwiebel · 150 g Möhren · ½ Bund Petersilie · 3 EL Rapsöl · 100 g gekochter Schinken · 4 EL Sahne · 1 EL Senf · Jodsalz · weißer Pfeffer

- Den Reis nach Packungsanleitung zubereiten oder 600 g fertig gegarten Reis verwenden.
- Den Brokkoli waschen, putzen und in kleine Röschen zerteilen. Fünf Minuten in leicht gesalzenem Wasser garen, dann auf ein Sieb geben und abtropfen lassen.
- Die Zwiebel schälen und fein hacken. Die Möhren waschen, schälen und fein reiben. Die Petersilie waschen und trocken schütteln, die Blättchen von den Stielen zupfen und fein hacken.
- Das Öl in einer Pfanne erhitzen, die Zwiebeln glasig dünsten, Möhrenraspeln und Brokkoli darin 10 Minuten braten. Inzwischen den Schinken fein würfeln oder in Streifen schneiden.
- Den Reis zum Gemüse geben und anbraten. Schinkenwürfel und Petersilie unterheben. Mit Sahne und Senf verfeinern und mit Salz und Pfeffer abschmecken.

## Möhren-Blumenkohl-Auflauf

Lässt sich bequem vorbereiten.

Für 4 Portionen
Kinderportion: 4–5 Esslöffel
braucht etwas mehr Zeit
45 Min. (+ 30 Min. Backzeit)

2 Stangen Lauch · 3 große Möhren · 1 Kopf Blumenkohl · 1 EL Raps- oder Sonnenblumenöl · 250 g Vollkornreis · 2 TL Curry · 500 ml Gemüsebrühe · 1 EL Butter · 5 frische Eier · 200 g süße Sahne · etwas Salz · schwarzer Pfeffer aus der Mühle · 150 g mittelalter Gouda

- Den Lauch waschen, putzen und in Ringe schneiden. Die Möhren schälen und in Scheiben schneiden. Den Blumenkohl putzen, in Röschen zerteilen und waschen.
- Blumenkohlröschen und Möhren in etwas Wasser ca. 10 Minuten garen. Während der letzten 3 Minuten den Lauch zum anderen Gemüse geben und mitdünsten. Auf ein Sieb geben und abtropfen lassen.
- Das Öl in einem kleinen Topf erhitzen, den Reis zusammen mit 1 Teelöffel Curry andünsten. Anschließend die Gemüsebrühe angießen. Zum Kochen bringen, die Hitze reduzieren und etwa 25 Minuten köcheln lassen.
- Den Backofen auf 200 °C (Umluft 170 °C) vorheizen. Eine flache Auflaufform (etwa 30 cm lang) mit der Butter einfetten. Die Eier mit der Sahne verquirlen und kräftig mit Salz, Pfeffer und Curry abschmecken.
- Den Gouda eventuell entrinden und grob reiben. Das Gemüse mit dem Reis vermengen und dann in die Auflaufform geben. Die Eiersahne über den Gemüse-Reis-Auflauf verteilen und mit dem Gouda bestreuen.
- Den Auflauf auf mittlerer Schiene etwa 30 Minuten backen. Dann aus dem Ofen nehmen und heiß servieren.

## Tomatengulasch

Schmeckt immer!

Für 4–6 Portionen
Kinderportion: 4–5 Esslöffel
braucht etwas mehr Zeit
15 Min. (+1½ Stunden Garzeit)

4 Zwiebeln · 2 Knoblauchzehen · 4 EL Olivenöl · 800 g gemischtes Gulaschfleisch · Salz · schwarzer Pfeffer · 2–3 TL Paprikapulver, edelsüß · 1 Dose Tomatenstückchen (400 g) · 150 ml trockener Rotwein · 2 EL Mehl · 2 EL Tomatenmark · 1 TL Zucker

- Die Zwiebeln und den Knoblauch abziehen und sehr fein hacken. Das Öl in einem großen Topf erhitzen und das Fleisch in Portionen von allen Seiten anbraten, mit Salz, Pfeffer und Paprika würzen, dann herausnehmen und beiseite stellen.
- Die Zwiebeln mit dem Knoblauch im Bratfett glasig dünsten, dann das Fleisch wieder zufügen. Die Tomatenstückchen und den Rotwein hinzufügen und das Ganze 1½ Stunden bei reduzierter Hitze schmoren lassen.
- Das Mehl mit etwas kaltem Wasser anrühren und unterrühren. Noch einmal aufkochen lassen. Mit Tomatenmark, Zucker, Salz und Pfeffer abschmecken.

**Das passt dazu:** Kartoffeln, Makkaroni oder Spätzle.

## Lamm-Gemüse-Spieße

Aufgespießt begeistert Groß und Klein.

Für 4 Portionen
Kinderportion: ½–1 Spieß, den Spieß bitte entfernen
gelingt leicht ⏲ 30 Min.

500 g Lammlachse · 2 kleine Zucchini · 16 Kirschtomaten · 2 rote Zwiebeln · 2 EL Olivenöl · Jodsalz · schwarzer Pfeffer · 1 EL italienische Kräutermischung

- Das Fleisch kalt abspülen und trocken tupfen, dann in Streifen schneiden. Zucchini waschen und in 2 cm dicke Scheiben schneiden. Tomaten waschen. Zwiebeln abziehen und in Achtel schneiden.
- Abwechselnd Fleisch, Zucchini, Tomaten und Zwiebel auf Spieße stecken. Aus Öl, Salz, Pfeffer und Kräutern eine Marinade herstellen. Die Spieße mit der Marinade bepinseln und eine halbe Stunde durchziehen lassen.
- Eine beschichtete Grillpfanne mit Öl dünn einpinseln und die Spieße etwa 10 bis 15 Minuten von allen Seiten braten.

Das passt dazu: Brot oder Kartoffelpüree

Variante: Zusätzlich kann man auch Geflügelleber aufspießen und mitbraten.

## Hühnerfrikassee

Fast schon in Vergessenheit geraten.

Für 4 Portionen
Kinderportion: 4–5 Esslöffel
braucht etwas mehr Zeit ⏲ 1½ Stunden

1 Suppenhuhn (à 1,5 kg) · 2 Zwiebeln · 1 Möhre · 2 TL Jodsalz · 1 TL Pfefferkörner · 1 Lorbeerblatt · 150 g kleine Champignons (aus dem Glas) · 1 EL Butter · 1 EL Mehl · 4 EL Sahne · etwas Zitronensaft · weißer Pfeffer

- Das Huhn abbrausen, in einen Topf geben und mit kaltem Wasser bedecken. Eine Zwiebel abziehen und achteln. Die Möhre waschen, putzen und in grobe Stücke schneiden. Salz, Pfefferkörner, Lorbeerblatt, Zwiebel- und Möhrenstücke zum Huhn geben.
- Das Ganze zum Kochen bringen. Das Huhn in etwa 1 Stunde gar kochen und anschließend in der Brühe auskühlen lassen, herausnehmen und die Brühe durch ein Sieb passieren.
- Das Hühnerfleisch von den Knochen ablösen und in mundgerechte Stücke schneiden. Die zweite Zwiebel pellen und fein hacken.
- Dann in einem Topf mit der Butter anschwitzen, Mehl hinzugeben und kurz anrösten. Mit ½ l der passierten Geflügelbrühe aufgießen und zehn Minuten köcheln lassen. Die Champignons und das Hühnerfleisch hinzugeben und erwärmen, nicht mehr kochen lassen. Dann mit Sahne, Salz, Pfeffer und Zitronensaft abschmecken.

Variante: Mit frischer Petersilie bekommt das Hühnerfrikassee ein bisschen Farbe – das erhöht das Interesse an dem Gericht.

## Curry-Fisch-Pfanne

Fisch wie in Indien

**Für 4 Portionen**
**Kinderportion: 2–3 Streifen Fisch und 3 Esslöffel Gemüse**
**geht schnell ⏲ 20 Min.**

4 Pangasiusfilets à 150 g · 4 EL Rapsöl · 4 EL Sojasoße · weißer Pfeffer · 3 Möhren · 1 Stange Lauch · 300 g Brokkoli · 100 g Mungobohnensprossen · 1 EL mildes Curry · 100 ml Sahne

- Die Fischfilets kalt abspülen, trocken tupfen und in 3 cm breite Streifen schneiden. Aus 2 Esslöffeln Öl und 2 Esslöffeln Sojasoße mit Pfeffer eine Marinade aufschlagen und den Fisch darin marinieren.
- Möhren waschen, schälen und in dünne Streifen schneiden. Den Lauch waschen, putzen und in Ringe schneiden. Den Brokkoli putzen, in Röschen zerteilen und in kochendem Wasser etwa 2 Minuten blanchieren. Die Sprossen abbrausen und abtropfen lassen.
- Das restliche Öl in einer Pfanne erhitzen, Möhren, Lauch und Brokkoli darin bei milder Hitze anbraten. Mit Curry und Sojasoße würzen. Die Sahne angießen und bei geschlossenem Deckel 5 Minuten dünsten. Dann den Fisch und die Sprossen hinzufügen und alles weitere 5 Minuten dünsten.

## Grundrezept pikanter Hefeteig

Für eine Pizza, die nach Urlaub schmeckt.

**Dick ausgerollt für ein Backblech, sehr dünn ausgerollt für zwei**
**braucht etwas mehr Zeit ⏲ 1 Std.**

450 g Mehl · 1 Päckchen Trockenhefe (7 g) · 1 Prise Zucker · ½TL Salz · 5 EL Olivenöl · ¼l lauwarmes Wasser

- Das Mehl in eine Schüssel sieben und eine Mulde hineindrücken. Die Hefe hineingeben. Zucker darüber streuen.
- Salz und Öl an den Rand der Schüssel geben.
- Das lauwarme Wasser in und um die Mulde gießen. Dann mit den Knethacken eines Handrührgerätes oder einer Küchenmaschine zu einem glatten Teig verarbeiten.
- Den Teig mit einem Tuch abgedeckt an einem warmen Ort gehen lassen, bis er sein Volumen fast verdoppelt hat.
- Den gegangenen Teig aus der Schüssel nehmen und auf einer bemehlten Arbeitsfläche kräftig durchkneten. Dann ausrollen und vor dem Belegen und Abbacken mit einem Tuch abgedeckt etwa 10 Minuten ein zweites Mal gehen lassen.
- Die angegebene Teigmenge reicht für ein Backblech. Die Hälfte reicht für eine Spring-, Pie- oder Quicheform (24 oder 26 cm).

**Variante:** Wenn Sie den Teig mit Vollkornmehl herstellen möchten, geben Sie etwa 5 Esslöffel mehr Wasser zu den Teigzutaten.

# Pizza Margherita

Die Basis für viele Varianten!

Für 1 Blech
Kinderportion: 1 Stück von der Größe zweier Handflächen
gut vorzubereiten
5 Min.

- 1 Rezept Hefeteig (Seite 136)
- 1 Zwiebel
- 1 Knoblauchzehe
- 1 EL Butter
- 1 Dose geschälte Tomaten (400 g)
- etwas Salz
- schwarzer Pfeffer
- 1 EL getrockneter Oregano
- 1 Lorbeerblatt
- 400 g vollreife Tomaten
- 250 g Mozzarella
- 4–6 Zweige frisches Basilikum

Pizza

- Den Hefeteig nach Anleitung auf zubereiten und etwa 30 Minuten gehen lassen.
- Inzwischen die Zwiebel und den Knoblauch schälen und fein hacken. Die Butter in einer beschichteten Pfanne zerlassen, Zwiebeln und Knoblauch darin andünsten. Mit dem Tomatensaft aus der Dose ablöschen, die geschälten Tomaten zerkleinern und ebenfalls dazugeben. Mit Salz und Pfeffer, Oregano und einem Lorbeerblatt würzen und einkochen lassen. Das Lorbeerblatt wieder herausnehmen.
- Die Tomaten waschen, von den Stielansätzen befreien und in dünne Scheiben schneiden. Den Mozzarellalaib in dünne Scheiben schneiden.
- Den Backofen auf 200 °C vorheizen. Ein Backblech einfetten und mit etwas Mehl bestäuben. Den Teig ausrollen und aufs Blech legen; mit einem Küchentuch abgedeckt etwa 10 Minuten gehen lassen.
- Die Tomatensoße auf dem Pizzateig verteilen. Die Tomatenscheiben auf die Soße legen. Mit Salz und Pfeffer würzen. Die Mozzarellascheiben darauf legen.
- Die Pizza auf der mittleren Schiene etwa 25 Minuten backen. Inzwischen das Basilikum waschen, trocken schütteln und die Blätter von den Stielen zupfen. Die Pizza aus dem Ofen nehmen und mit Basilikum garnieren.

Variante: Hier ist alles möglich! Sie können die Pizza zusätzlich mit Salami, Schinken oder auch Krabben belegen. Gemüse wie Zucchini, Paprika oder Mais kommt bei vielen Kindern ebenfalls gut an.

# Anhang

## Danksagungen

Ich möchten den vielen Menschen, die mich Tag für Tag auf unterschiedlichste Weise unterstützt haben, meinen aufrichtigen Dank aussprechen:

- Meredith Bernstein von The Meredith Bernstein Literary Agency. Sie ist Beraterin, Freundin und eine ausgezeichnete Agentin in einer Person.
- Patti „die Wundervolle" Hughes, meiner unglaublichen, fröhlichen und immer zuverlässigen Assistentin.
- meinem Mann Robert, er ist mein Partner, mein Freund, meine Liebe, mein Seelenverwandter und Zufluchtsort.
- meiner Familie, dem Quell meiner Freude: Mama, Vanessa, David, Coleton, Angela, Greg, Michelle, Loren, Sarah, Nicholas, Renée, Tom, Amber, Matthew, Devin, Tyler und Wyatt.
- allen Leserinnen und Lesern, die mir in Briefen von ihren wunderbaren Kindern berichteten – ich fühle mich jedem einzelnen von ihnen verbunden.
- all den vielen Testmüttern, -vätern und -kindern, die einen Bereich ihres Lebens mit mir teilen.

## Die Testeltern

Während der Entstehung dieses Buches habe ich mit zahlreichen Testeltern zusammengearbeitet. Von ihnen bekam ich unglaublich viel Input, Ideen, Anmerkungen und Fragen. Diese 172 Menschen (Eltern von 294 wundervollen Kindern) gewährten mir Einblick in ihr Familienleben, in die Schwierigkeiten rund ums Essen und in ihre Erfolgsgeschichten.

Die Testfamilien leben auf der ganzen Welt verstreut und repräsentieren alle nur erdenklichen Familienformen: verheiratet, ledig, unverheiratet zusammen lebend, von einem bis fünf Kinder, darunter Zwillinge, adoptierte Kinder, besonders junge und besonders alte Eltern, Mütter, die zu Hause bleiben, berufstätige Eltern, Familien, die sich aus unterschiedlichen ethnischen Abstammungen zusammensetzen und unterschiedlichen kulturellen Ursprüngen entstammen, sowie gleichgeschlechtliche Paare. Meine Testfamilien sind eine überaus vielfältige, interessante Gruppe. Meine „Testmütter und -väter", wie ich sie voller Zuneigung nenne, wurden im Laufe dieses langen und komplexen Prozesses zu Freunden, und ich glaube, dass ich ebenso von ihnen gelernt habe wie sie von mir.

### Geografische Verteilung der Testeltern

- 85 leben in den USA: in Alabama, Arizona, Arkansas, Colorado, Connecticut, Florida, Georgia, Idaho, Illinois, Indiana, Iowa, Kalifornien, Kentucky, Louisiana, Massachusetts, Michigan, Minnesota, Mississippi, Missouri, Nebraska, New Jersey, New York, North Carolina, Ohio, Oklahoma, Pennsylvania, Tennessee, Texas, Utah, Vermont, Virginia, Washington, Wisconsin.
- 24 leben in Kanada: in Alberta, British Columbia, Calgary, Ontario, Quebec.
- 11 leben in Australien: in New South Wales, Queensland, South Australia, Tasmanien, Victoriam Western Australia.
- 9 leben in Groß-Britannien: in England, Irland, Schottland, Wales.
- 8 leben in Südafrika: in Eastern Cape, Gauteng, Western Cape.
- 5 leben in Frankreich: in Mittelfrankreich, Lothringen und im Zentralmassiv.
- 3 leben in Neuseeland: in Auckland, Gisborne und Rodney.
- 3 leben in Spanien: in Barcelona, León und Madrid.
- 3 leben in der Ukraine: in Kiew.
- 3 leben in Deutschland: in Ansbach und Vilseck.
- 2 leben in Italien: in Mailand und Verona.
- 2 leben in Zypern: in Limassol.
- 2 leben in den Niederlanden: in Amsterdam und Assen.
- 2 leben in Mexiko: in Coahuila und Querétaro.
- 2 leben in Hongkong: in Discovery Bay.
- 2 leben in Estland: in Harjumaa.
- 2 leben in Bermuda: in Southampton.
- 1 lebt in Kenia: in Nairobi.
- 1 lebt in Indonesien: in West-Java.
- 1 lebt in Kuwait: in Safat.
- 1 lebt in Indien: in Mumbai.

### Statistische Daten zu den Testkindern

- 138 Mädchen
- 156 Jungs
- 5 Zwillingspaare
- 38 Babys (zwischen 6 und 12 Monaten)
- 137 Kleinkinder (12 Monate bis 3 Jahre)
- 91 Vorschulkinder (3 bis 6 Jahre)
- 28 Schulkinder (7 bis 9 Jahre)

## Stimmen zur englischen Ausgabe *„The No-Cry Picky Eater Solution“*

„In ihrem Buch liefert Elizabeth Pantley eine ganz neue Betrachtungsweise zu einem altbekannten Problem: Was tun, wenn die Kinder nicht so essen, wie es sich die Eltern vorstellen? Elizabeth Pantley entlarvt Mythen und gibt vernünftige, bodenständige Ratschläge, die in jeder Familie funktionieren. Veraltete Ansichten zur „Schlacht am Familientisch“ werden unter die Lupe genommen. Die Lösungsansätze sind einfach und bedeuten nicht, dass für jeden auf Wunsch gekocht werden muss. Das Buch hat mir so gut gefallen, dass ich es auf einen Rutsch gelesen habe! Es war genau das, was mir in Bezug auf meine eigene Tochter geholfen hat.“

Robin Elise Weiss, LCCE, Mutter von acht Kindern und Autorin zahlreicher Elternratgeber, darunter *The Complete Illustrated Pregnancy Companion*, http://pregnancy.about.com

„Mit ihrer einfühlsamen, überlegten Art hat Elizabeth Pantley erneut einen brillanten Elternratgeber vorgelegt, der ein verbreitetes Thema behandelt. Mit klugen Ratschlägen vermittelt sie, wie man bei Kindern Freude am Essen weckt. Dieses Buch ist ein echter Retter!"

Christine Louise Hohlbaum, Autorin von *The Power of Slow: 101 Ways to Save Time in Our 24/7 World*, http://powerofslow.wordpress.com

„Elizabeth Pantley ist es erneut gelungen: Mit gewohnt sanftem, respektvollem Ansatz geht sie dieses verbreitete Familienproblem an. Dieses Buch wirkt wie eine starke, beruhigende Hand auf der Schulter sorgengeplagter Eltern. Es bietet praktische, einfache Lösungen, die wirklich funktionieren."

Stephanie Gallagher, Cooking frp Kids Guide auf About.com, http://kidscooking.about.com sowie Gastgeberin der Online-Kochshow The Iron Chef Mom, http://www.theironchefmom.com

„Essen ist so etwas Elementares, dass es Eltern wie ein Keulenschlag treffen kann, wenn sich ihr Kind als mäkeliger Esser entpuppt. Elizabeth Pantleys Buch macht ihnen klar, dass ihr Kind keine Ausnahme ist, dass ihr Kind gesund ist und sie keine schlechten Eltern sind und dass es Lösungen gibt. Elizabeths Ansatz respektiert sowohl die Interessen der Eltern als auch die der Kinder. Ihr Buch steckt voller Informationen und Ratschläge, die allen Eltern von mäkeligen Essern Mut machen und Perspektiven aufzeigen."

Kathy Lynn, Vorsitzende von Penting Today, http://www.parentingtoday.ca

„Dieses Buch macht die Familienzeiten wieder zu schönen Erfahrungen – keine Kämpfe mehr, keine weggeschobenen Teller und viele Möglichkeiten, die gemeinsamen Mahlzeiten zu engeren Bindungen zwischen Eltern und Kindern zu nutzen."

Judi Arnall, Bestseller-Autorin von Discipline Without Distress: 135 Tools for Raising Caring, Responsible Children Without Time-Out, Spanking, Punishment or Bribery, www.professionalparenting.ca

„Als Mutter von vier Kindern habe ich bei mir zu Hause jeden Esstyp. Die Tipps und Ideen in diesem Buch ermöglichen es Eltern und Bezugspersonen, das Fundament für ein lebenslanges gesundes, genussvolles Essverhalten ihres Kindes zu legen."

Maria Bailey, CEO bei BSM Media, Autorin und Gastgeberin der Sendung Mom Talk Radio

# Register

# Rezeptverzeichnis

## Der gute Start in den Tag



## Kleinigkeiten für zwischendurch



## Hauptgerichte

Bibliografische Information
der Deutschen Nationalbibliothek
Die Deutsche Nationalbibliothek verzeichnet diese Publikation in der Deutschen Nationalbibliografie; detaillierte bibliografische Daten sind im Internet über http://dnb.d-nb.de abrufbar.

Programmplanung: Uta Spieldiener
Übersetzung aus dem Amerikanischen:
Kirsten Sonntag, München
Redaktion: Dr. Sabine Klonk, Stuttgart

Umschlaggestaltung und Layout:
CYCLUS Visuelle Kommunikation, Stuttgart

Bildnachweis:
Umschlagillustrationen: Daniela Sonntag, Stuttgart
Illustrationen im Innenteil: Daniela Sonntag, Stuttgart



Printed in Germany

Satz und Repro:
kaltner verlagsmedien GmbH, Bobingen
gesetzt in InDesign CS5
Druck: Grafisches Centrum Cuno, Calbe

gedruckt auf chlorfrei gebleichtem Papier

ISBN 978-3-8304-6679-6 1 2 3 4 5 6

Auch erhältlich als E-Book:
eISBN (PDF) 978-3-8304-6680-2
eISBN (ePub) 978-3-8304-6681-9



**Besuchen Sie uns auf facebook!**
**www.facebook.com/mama.mag.trias**

## SERVICE

### Liebe Leserin, lieber Leser,

hat Ihnen dieses Buch weitergeholfen? Für Anregungen, Kritik, aber auch für Lob sind wir offen. So können wir in Zukunft noch besser auf Ihre Wünsche eingehen. Schreiben Sie uns, denn Ihre Meinung zählt!

Ihr TRIAS Verlag
E-Mail Leserservice: heike.schmid@medizinverlage.de
Lektorat TRIAS Verlag, Postfach 30 05 04, 70445 Stuttgart, Fax: 0711 89 31-748